塔木德

犹太人的创业与致富圣经

张艳玲 ◎ 编著

民主与建设出版社

图书在版编目（CIP）数据

塔木德：犹太人的创业与致富圣经/张艳玲编著. —北京：民主与建设出版社，2017.8

ISBN 978-7-5139-1644-8

Ⅰ.①塔… Ⅱ.①张… Ⅲ.①犹太人–商业经营–经验 Ⅳ.①F715

中国版本图书馆CIP数据核字（2017）第166756号

©民主与建设出版社，2017

塔木德：犹太人的创业与致富圣经
TAMUDE: YOUTAIREN DE CHUANGYE YU ZHIFUSHENGJING

编　　著：	张艳玲
责任编辑：	王　颂　袁　蕊
出版发行：	民主与建设出版社有限责任公司
地　　址：	北京市海淀区西三环中路10号望海楼E座7层
电　　话：	010-59419778　59417747
印　　刷：	三河市天润建兴印务有限公司
开　　本：	710 mm × 1000 mm　1/16
字　　数：	130千字
印　　张：	15
版　　次：	2017年10月第1版　2021年6月第3次印刷
标准书号：	ISBN 978-7-5139-1644-8
定　　价：	36.80元

注：如有印、装质量问题，请与出版社联系。

前言
PREFACE

　　犹太民族是一个古老的民族，有着悠久的历史。早在公元前1200年前后，海上民族非利士人侵入巴勒斯坦沿海地区，建立了加沙、阿什多德等小城。以色列人和犹太人同非利士人进行了艰苦的斗争，正是在这场斗争中，以色列—犹太国家逐渐形成。但是，犹太民族是一个多灾多难的民族，经过几个世纪的艰难流徙，犹太人几乎遍布世界各地。

　　在时间上，犹太民族保持了几千年的传统；在空间上，他们同呼吸、共命运，保全着自己的民族，进行着创造性的活动。犹太人是世界上最聪明、最神秘、最富有的人。他们勤奋上进，创造了不可估量的商业价值。人类在商业领域取得的辉煌成就，与犹太人的贡献密不可分。

　　在悠久的历史中，犹太人被奴役、被歧视、被迫害、被迫流浪异乡，但他们自己民族的历史几乎从未间断过。他们曾长时间地没有国家，没有政府，没有权力，没有地位，但他们总能凭借自己神奇的智慧，获得巨大的财富。灾难来临时，金钱和财富会离开他们，但他们会凭借自己掌握的知识而成为金钱的主人。

前言
PREFACE

有着数千年历史的犹太民族，虽然曾经长时间地流落异乡，没有给人类留下太多特别值得骄傲的宫殿和建筑，但却给人类留下了永恒的智慧，并把他们的知识与智慧完美地运用到教育、商业、生活当中。而犹太商人以其独特的经营技巧，摘取了"世界第一商人"的桂冠，他们在其他领域的成就也让世人刮目相看。他们的经营理念，他们的处世哲学，他们的财富观念更是引起人们的极大关注。《塔木德》就凝结了犹太人创业与致富的智慧。多少年来，不知有多少人对它顶礼膜拜，智慧的人从中受到启发，得到启迪，在人生的道路上也会走得更远，人生的境界也会更高。

土地不能带走，智慧却可以带到任何地方，而且谁也不能抢走它。没有什么比智慧更重要的了。犹太人最叫人敬佩的无疑就是他们宝贵的智慧。犹太人的智慧永远是一个说不尽的话题，并且会给在财富路上积极进取的人们以有益的启示。

目 录
CONTENTS

绪论：
《塔木德》，智慧的基因库 / 001

第一章
知识是致富的原动力

007

01 知识才是最稳妥的财富 / 008
02 学校在，犹太民族就在 / 009
03 为学习而学习 / 011
04 教育投资是最精明的投资 / 015
05 教育要从孩童抓起 / 018
06 读书是一生的事业 / 021
07 知识是夺不走的财富 / 024
08 学识渊博的商人才能成功 / 028

第二章
金钱是上帝赐予的最好礼物

033

01 金钱是窥视人格的一面"镜子" / 034
02 金钱可以增加安全感 / 036

03 做金钱的主人,不做金钱的奴隶 / 039
04 现金的好处 / 040
05 赚钱莫问出处 / 043
06 有钱赚就不要拒绝 / 046
07 赚钱靠勇气,储蓄靠聪明 / 049
08 用信心和恒心赚钱 / 052
09 钱是赚来的,不是攒来的 / 055
10 以更少的付出,赚更多的钱 / 060
11 不要把赚钱当做一种负担 / 064
12 赚钱是商人的天职 / 067
13 让钱生出更多的钱 / 069
14 借钱发展事业 / 072
15 想进入上层社会就必须赚钱 / 076
16 即使是一美元也要赚 / 079

第三章

信守契约和法律的生命线

083

01 世界奠基在约定上 / 084
02 保护弱者的契约精神 / 089
03 在契约里面写清所有的条件 / 091
04 签订最稳妥的协议 / 093
05 守法就是守形式 / 096
06 对不言而喻的道理进行确认也是契约 / 100
07 把契约看做商品 / 103
08 诚信是经商的法宝 / 105
09 只有守信用,生意才能做长久 / 109
10 不让违约者得利 / 113

第四章

创业就是人生的博弈

117
01 只有智慧才是永恒的财富 / 118
02 犹太人的生意经是智慧的生意经 / 122
03 逆境是上帝赐予的时机 / 125
04 生意场上只有成败，没有禁忌 / 128
05 抓住机遇，才能获得成功 / 131
06 肯定自己，挑战自己 / 135
07 不放过每一个机会 / 138
08 把运气变成机会 / 142
09 勤勉的人能达到最大限度的成功 / 146
10 不为暂时的失败所打倒 / 149
11 不失时机地展示强项 / 152

第五章

商战中的不败神话

157
01 抓住信息赚大钱 / 158
02 忠实于商人伦理 / 160
03 做最坏的打算争取最好的结果 / 164
04 知己知彼，选择好谈判的时机 / 166
05 适当示弱好处多 / 170
06 把握流行趋势 / 174
07 抓住时机，大胆去干 / 176
08 善于借助别人的力量 / 179
09 为他人着想就是为自己的成功铺路 / 183

第六章

思考致富

187

- 01 不可直中取，学会曲中求 / 188
- 02 不断创新才能致富 / 190
- 03 培养别出心裁的经商意识 / 194
- 04 头脑灵活才能赚钱 / 198
- 05 活用商业游戏规则 / 201
- 06 换个思路问题也许就会迎刃而解 / 204

第七章

品格的力量

207

- 01 好脾气能带来财富 / 208
- 02 忍耐也是一种情感 / 211
- 03 不歧视穷人 / 213
- 04 互利双赢 / 215
- 05 赞美他人收获友情 / 217

第八章

赚钱不是最终目的

221

- 01 不要忘记有比赚钱更重要的东西 / 222
- 02 创造生活也要享受生活 / 223
- 03 享受"安息日" / 225
- 04 施舍是一种义务 / 227
- 05 保持淡泊的心态 / 228
- 06 面对敌人，付出你的爱 / 230

绪论：
《塔木德》，智慧的基因库

《塔木德》本身体现了犹太民族把握传统与革新之间的张力的智慧和能力，《塔木德》是人的理智、人的智慧的产物，是一个个具体的、活生生的人的理智与智慧的产物。

犹太民族素以"书的民族"著称于世。这本书首先当然讲的是《圣经》（旧约全书）。对于《圣经》的价值这里不多陈述。而更生动、完整地记录犹太人生活方式，更丰富而全面地集中了犹太民族智慧，更具体而直接地影响着犹太人生活的另一本书是《塔木德》。

《塔木德》是由2000多位犹太学者在1000多年的讨论和研究中写成的，内容庞杂、卷帙浩繁，头绪纷纭，小到饮食起居、沐浴穿衣，大至宗教律法、民俗、伦理、医学等无所不含。这本书渗透到犹太人生活的各个方面。

这部典籍是犹太人获取知识的重要源泉之一，它代表了几千年来犹太民族智慧的精华。

犹太人的精神支柱就是《塔木德》。他们在遭受杀戮与迫害之时,唯有《塔木德》是他们不灭的灵魂。

直到今天,仍有很多犹太人把《塔木德》视为最可贵的圣训,把它当做生活的慰藉和心灵的避难所。

那么,《塔木德》究竟是本什么样的书呢?《塔木德》是希伯来语的译音,其词源的含意是"钻研或研习",有时根据书的内容,被译为《口传律法集》。本·锡安·博克瑟拉比在其所著的《塔木德的智慧》一书中,明确指出:"编集《塔木德》的目的,就为了在《圣经》与生活之间架设一座桥梁。"

犹太人被世人称为"书的民族",亦即"圣经的民族",其部分含义就是指犹太民族的整个生活是框在"一本书"的范围之内的。这种生存状态的产生与持续存在,本是一个民族的文化与该民族历史遭际之间相互作用的结果。任何归因论或线性因果解释都说明不了其形成原因。"书的民族"的第二层意

绪论
《塔木德》，智慧的基因库

思，指的是犹太民族的书及书中蕴藏的知识，还有些读书过程本身的嗜好。书的民族是思考的民族、求智的民族、教育的民族、知识的民族、神学的民族，也是科学的民族。这两种因素使得一个弱小而四散的民族能以非地域、非种族的文化特征，在同任何民族的相处中，都如此判然有别地突现出来，这在其他民族身上是见所未见的。之所以如此，也许仅仅因为其他任何一个民族都不拥有这样的"一本书"。

这样的一本书作为一个民族的樊篱，内在的就必须是闭合的。因为樊篱必须是闭合的，神圣的经典也必须是闭合的。闭合状态是任何事物借一去不复返的时间流而得以成"圣"的必备前提。

然而，正是这种闭合性构成了具有文化合理性的《圣经》的历史不合理性。

生活本身是不闭合的，犹太人的生活更是不闭合的：历史遭际强加给犹太人的巨变也许远远多于人类历史上其他任何一个存在过的或存在着的民族。

所以，在这个民族身上，几乎同时存在着对闭合性和开放性的极端强烈的需要，这两个本身自相抵牾的要求，对犹太文化造成了堪称"空前绝后"的应力：没有闭合性，纯粹开放的犹太民族必将走上一条由局部同化而至于完全同化的自行消亡之路；没有开放性，纯粹闭合的犹太民族也只能走上一条自甘萎缩而被历史淘汰的道路。回溯历史，有多少民族已经分别消失在这两条文化进化的歧路之上。

《塔木德》在犹太教诸经典中的地位，仅次于《托拉》。"托拉"也是译音，即为"律法书"。作为"成文律法书"的《托拉》是由《旧约圣经》的前5卷，即《创世纪》《出埃及记》《利未记》《民数记》和《申命记》所构成。《托拉》又称"摩西五经"，在犹太教中，其地位至高无上，是每个犹太人都必须严格遵守的"根本大法"。因此，它也是"闭合"的。

所以，闭合的《托拉》呼唤着开放的《塔木德》，成文的《托拉》呼唤着"口传"的《塔木德》，神授的《托拉》呼唤着人订的《塔木德》！《塔木德》本身体现了犹太民族把握传统与革新之间的张力的智慧和能力！

在刻板守旧的宗教神学的背景反衬下，《塔木德》的根本方法论是极为鲜明的：《塔木德》是人的理智、人的智慧的产物，是一个个具体而活生生的人的理智与智慧的产物。

《塔木德》作者们从来不妄称自己的发现是上帝的声音。相反，他们运用了各自的智慧和洞察力，来寻找律法的真谛，为超出《托拉》范围的各种偶然事件，寻找符合《托拉》本意的解决方案。遇到意见相去很远争论不休的问题时，他们便召开智者会议，以多数人表决的方式来确定结论性意见。

《塔木德》虽被称为犹太教仅次于《托拉》的法典，但绝对不具有一般法典那种"言不二价"的特征。种种大相径庭的观点并列共存而没有一个权威性结论，这种情况在《塔木德》中比比皆是。这就像每本《塔木德》或者探讨《塔木德》的书都必从第二页起才印上页码，以便让读者在那张空白的第一页上记下自己的观感一样，《塔木德》的作者们更愿意让种种争论留下一个继续争论的余地。因为在阿摩拉，即几代教师(塔木德时代的教师)看来，《圣经》一旦闭合，上帝也就闭口了；即使上帝再不闭口，人类也无需理会于他，完全可以"不顾一切"地坚持每个人自己的看法。《圣经·申命记》第30章之11："我今日所吩咐你的诫命，不是你难行的，也不是离你远的。不是在天上，使你说，谁替我们上天取下来，使我们听见可以遵行呢？"显然，此话本意应是：上帝的诫命不是世人难以遵守的，不像天上之物不可企及。

那么，这句话用在这儿又是什么意思呢？

杰勒米亚拉比解释道："《托拉》早已在西奈山上给予了以色列人，我们对天上的声音已不再关心。因为上帝早在西奈山上就写下了：必须赞同大多数人的意见。"

《塔木德》并非是律法问题唯一的权威性解释。犹太古文教育鼓励人们独立思考。因为《塔木德》中都是别人的讨论，可以供你借鉴参考，但绝不是行动的指南。

正是意识到了这一点，那些大胆的拉比们不但不再理会天上的声音，甚至企图以今日的上帝形象来重塑西奈山上的上帝。

著名的《塔木德》作者亚乃拉比说过：

"假若《托拉》是一些固定不变的公式的话，它就不能存在下来。所以，摩西曾向上帝恳求说：'宇宙之主，请将关于教义和律法中每个问题的终极真理赐予我们。'上帝的回答是：'教义和律法中没有先期存在的终极真理。真理是每一代权威注释者中的大多数人经思考得出的判断……'"

"真理是每一代权威注释者中的大多数人经思考得出的判断"，上帝才是真正的"百家争鸣"的倡导者！神的存在本已使得人们在意见分歧之时，个人的意见不可能天然地凌驾于其他人的意见之上，何况上帝还自愿将自己的最终裁决权悬置，放手让人们去"少数服从多数"，而不搞"一家做主"的理论垄断。何等明智的上帝，何等明智的拉比，何等明智的《塔木德》！

正因为有了这样一种明智，《塔木德》才能兼收并蓄地容纳了对《托拉》的各种解释，才能在接受新思想、新观念的同时，保存各种观点，各种流派，保存它们所代表的各种发展可能性和它们所蕴涵的各种智慧基因。一个屡屡被人称为顽固守旧的民族，却屡屡为人类作出各种开创性的成就，甚至贡献出与其人数不成比例的世界级极端激进分子，就是因为犹太民族特别善于保存其智慧基因以适应新环境迎接新挑战使然。

《塔木德》真正是犹太民族的一个智慧基因库。

第一章
知识是致富的原动力

　　知识就是财富。犹太人对知识有着相当深刻也相当实际的认识。知识在犹太民族中发挥着巨大作用,是知识拯救了这个古老而年轻的民族,而犹太人在经济运营、商业动作上取得的非凡成就,也要归功于他们孜孜不倦的求知精神。

01 知识才是
  最稳妥的财富

光在一个正常的社会里，有知识就不怕得不到财富。

犹太人在经济运营、商业动作上的非凡成就，与他们孜孜不倦、不断探索的精神是分不开的。

犹太人认为，知识就是财富，由此便产生了对知识这种财富近似贪婪的欲望。犹太人四处流浪，没有家园，居无定所，没有生存和发展的权利保障。他们所到之处，唯一的支撑就是自己头脑中的知识。他们靠知识创造财富，从而由财富为自己争得一条生路、一方生存发展的空间。物质财富随时都可能被偷走，但知识永远相伴，只要有知识，就不怕没有财富。这正是犹太人流浪数千年依然生生不息的原因所在。

在犹太教中，勤奋好学不只是仅次于敬神的一种美德，而且是敬神本身的一个组成部分，这种宗教般虔诚的求知精神在商业文化中的渗透，内化为犹太人探索求实、锐意进取的创新意识。他们积累的丰富知识，又对形成犹太人

第一章
知识是致富的原动力

所特有的计划谋略与智慧发挥了文化滋养的作用。知识缺乏者在世界舞台上根本不会有运筹帷幄的智慧与机会。

02 学校在，犹太民族就在

评价一个人不要根据他的天赋，而要根据他运用天赋的能力。

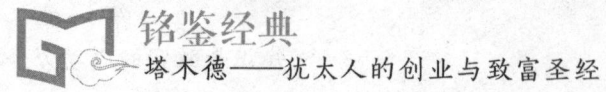

犹太人的学校正是培养天赋、运用天赋的地方。

从犹太人对教育的重视和对教师的敬重，可以感知学校在犹太人生活中具有举足轻重的作用与地位。

1919年，犹太人正同阿拉伯人处于日趋激烈的冲突之中，耶路撒冷的希伯来大学便在隆隆的炮火声中奠基开工。此后连绵不绝、愈演愈烈的冲突，并未能阻止这所大学在1925年建成并投入使用。

犹太人之所以特别重视学校的建设，除了他们具有那种"以知识为财富"的价值取向之外，更高层次上，还因为在他们看来，学校无异于保持犹太民族生命之水的源泉。

伟大的约哈南拉比曾说过这样的话：学校在，犹太民族就在。

公元70年前后，占领犹太国的罗马人肆意破坏犹太会堂，图谋灭绝犹太人。面对犹太民族的空前浩劫，约哈南拉比想出一个方案，亲自去见包围着耶路撒冷的罗马军队的统帅韦斯巴罗。

约哈南拉比见到罗马军队的统帅后，只提出一个愿望：城破之时，给犹太人留下一个能容纳约10个拉比的学校，且永远不要破坏它。韦斯巴罗答应了他。

不久以后，罗马的皇帝死了。韦斯巴罗当上了罗马皇帝。日后当耶路撒冷城破之日，他果然向士兵发布一条命令："给犹太人留下一所学校！"

学校留下了，留下了学校里的几十个老年智者，使得犹太的知识、犹太的传统得以延续下来。战争结束后，犹太人的生活模式也由于这所学校而得以继续保存下来。

约哈南拉比以保留学校这个犹太民族成员的塑造机构和犹太文化的复制机制为根本着眼点，无疑是一项极富历史责任感的远见卓识。

一方面，犹太民族在异族统治者眼里，大多不是作为地理政治上的因素考虑，而是文化上的吞并对象。小小的犹太民族之所以反抗世界帝国罗马而起义，其直接起因首先不是民族的政治统治，而是异族的文化统治，亦即异族的文化支配和主宰：罗马人亵渎圣殿的残暴之举。

另一方面，犹太人区别于其他民族，首先不是在先天的种族特征上，而是在后天的文化内涵上。在一个犹太人的名称下，有白人、黑人和黄种人，至今作为犹太教大国的以色列向一切皈依犹太教的人开放大门，因为接受犹太教就是一个正统的犹太人。

为了达到这一文化目的，犹太人长期追求的，不仅仅是保留一所学校，而是力图把整个犹太生活的传统和犹太文化的精髓保留下来。从犹太民族2000多年来持之以恒、极少变易的民族节日，到甘愿被幽闭于"隔都"之内以保持最大的文化自由度，再到复活希伯来语，所有这一切都典型地反映出了犹太民族的这种独特追求和这种独特追求中生成的独特智慧。

这种智慧就是对民族文化的高度自信、执著和维护。

03 为学习而学习

学习之为善，在于其本身，它是一切美德的本源。

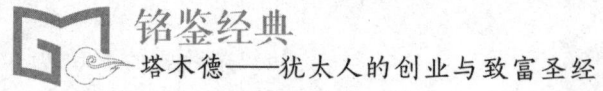

犹太人能在科学技术、文化艺术和经商等各行各业出现众多的佼佼者，秘诀在于勤奋读书、善于学习。

《塔木德》中写道："无论谁为钻研《托拉》而钻研《托拉》，均值得受到种种褒奖；不仅如此，而且整个世界都受惠于他；他被称为一个朋友，一个可爱的人，一个爱神的人；他将变得温顺谦恭，他将变得公正、虔诚正直、富有信仰；他将能远离罪恶、接近美德；通过他，世界享有了聪慧、忠告、智性和力量。"

学习之为善，在于其本身，它是一切美德的本源。

12世纪的犹太哲学家，犹太人的"亚里士多德"，精通医学、数学的迈蒙尼德则明确把学习规定为一种义务：

"每个以色列人，不管年轻年迈，强健羸弱，都必须钻研《托拉》，甚至一个靠施舍度日和不得不沿街乞讨的乞丐，一个要养家糊口的人，也必须挤出一段时间日夜钻研。"

不过，早期的学习主要以神学研究为取向，涉及面十分狭窄，像迈蒙尼德这样的博学，可说是一个例外。因为拉比们唯恐犹太神学之外的知识，会使犹太青年迷失方向。因此，在现代以前的相当长的时期内，在随着犹太移民的足迹先后建立的学术中心里，除了犹太教经典，尤其是《塔木德》之外，对世界上的其他知识是不予注意的。

到18世纪末，犹太教中还出现过一个反对经院哲学和学者主宰犹太事务的哈西德运动。其倡导者一度主张，一个人只要依靠虔诚和祈祷，也能升入天国，善的功业比伟大的知识更为重要。

庆幸的是，为学习而学习的传统并未中断，哈西德派的大师们自己也很快"迷途知返"了。他们不再坚持虔诚比钻研更能达到较高境界，而是传布一种虔信与知识互为依赖的信仰。这意味着，即使本性并不虔诚，学者也能依靠自己的知识而变得虔诚；而本来虔诚的人则更会为其虔诚所驱使而致力于学术

第一章
知识是致富的原动力

研究。

这样一种为学习而学习的传统，对长期流散的犹太人尤其是其中的青年人来说，在调节心理、保持民族认同方面所起的巨大作用暂且不提，即使从现代的立场上看，作为一种卓有成效的培养、激发人们的学习积极性的价值观念来说，也深深浸透着犹太人的独特智慧，值得其他民族借鉴与学习。

在人类的价值体系中，粗略地可以区分出两大类价值：一类是工具价值，另一类是目的价值。

所谓工具价值就是本身作为取得其他价值之手段的价值。这种价值是否"有价值"不取决于其本身，而取决于它能否成功地导向另一价值。

所以，任何一种社会事物包括人的活动样式，要能够以其自身即可维持下去，必须首先成为目的本身，成为不以其他事物为评判尺度的自足之物。为学习而学习，学习过程就是目的本身，知识的获得就是目的的实现，有了这样的观念和心态，才可能勤学不辍，而不至于半途而废。

事实上，真正的科学、艺术甚至下棋打仗，都必须有这种精神，方有可能臻于一流水平。这种精神的存在意味着，这一活动领域已经独立于其他活动领域之外，形成了自我完善的酬报机制。犹太人在世界总人口中仅占0.3%，但在诺贝尔奖获得者中却占了15%，这一不成比例的比例，正是对这种价值、这种精神的重大"价值"的证明。

当然，这样一种以自身为目的的活动，倘若偏离了其民族发展的轨迹，那么，这种目的价值越多，这个民族的实际生存能力只会越弱。

不过，这不是犹太人的命运。在实现目的价值方面，犹太民族显示出了自己的聪明与智慧。

人类文明的发达无非靠着两样东西的积累，一是物质形态的成果积累，二是观念形态的成果积累。在这两种积累及结合的基础上，人类社会不断地发展着。

在第一种积累上,犹太人历来是大有贡献的,只是历史处境常常使他们的积累连同他们本人一起化为乌有。

在第二种积累上,犹太人甚至可以说更有贡献。仅仅一本《圣经》对人类历史的影响,已经足以看到即使在宗教神学的外衣下,犹太学问在人类认识自身、开拓自身、约束自身方面的累累成果。

何况犹太教素以"伦理——神教"著称,塔木德学者在研习《托拉》的过程中,不断地将协调人际关系的规范加以合理化、精细化、操作化,在扎紧民族樊篱的同时,为人类与人类社会的自我完善,留下了影响深远的丰富内容。

而且,在科学文化蓬勃兴起、世俗教育迅速普及的当代,犹太人走出视野狭窄的宗教定向,走进了世俗学校:医学院、法学院、商学院、理工学院。犹太民族在为人类奉献出与其人数不成比例的一流思想家、理论家、科学家、艺术家的同时,也为自己的繁荣昌盛而培育出同其他民族相比更不成比例的教授、医生、律师、经理和其他专业人员。

"取法乎上,得其中;取法乎中,得其下。"以学习为职责的犹太人,

第一章
知识是致富的原动力

在履行职责的同时，得到的是其他许多民族梦寐以求的兴旺发达：以色列国仅5%的文盲率，450万以色列人中有1／3是学生，14岁以上的公民平均受教育程度为11.4年，差不多每4500人中就有一名教授或副教授，还有前面已提及的犹太人在诺贝尔奖获得者中比例奇高，所有这一切成就，只能出现在一个勤奋好学、视"学习是一种义务"的民族之中。

04 教育投资
　　是最精明的投资

去买真理，买了以后就不要卖掉。你还要去买智慧、教导和领悟。从教育中，你能获取一切知识和智慧。

曾任以色列总理的梅厄夫人说过："对教育的投资是最有远见的投资。"

曾任以色列总统的夏扎尔也曾说过："教育是创造以色列新民族的希望所在。"

伊扎克·纳冯则更直截了当地说："教育上的投资就是经济上的投资。"

以色列历届领导人一直把培养高质量的人才看做一个关系到民族生存的根本问题。教育立国、科技立国是以色列从成立之日就追求的目标。他们认

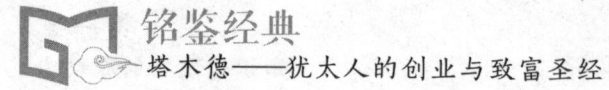

为，如果不培养高质量的人才，建立一个模范的社会，那么以色列在战场上将处于军事劣势，在国际上得不到尊重，也无法吸引众多的犹太人来定居。这样，以色列就无法生存下去。

以色列建国后，始终把教育放在首要地位。

1949年以色列颁布了《义务教育法》。这是这个国家最早制定的几个法律文件之一。1953年颁布了《国家教育法》，1969年颁布了《学校审查法》等等。这一系列法律的制定，确立了教育的地位，形成了以色列特色的教育制度。

以色列是个移民国家，来自四面八方的移民把世界各地的文化带到以色列，其中既有东方文化又有西方文化，既有传统农业文化也有现代工业文化。以色列教育的目的之一就是填平这些不同文化的鸿沟与差距。为此《国家教育法》明确规定："以色列的教育目的，一方面是让学生学习知识和技能，以适应国家发展的要求；另一方面是促进来自世界各地的犹太人之间的融合，清除他们之间的文化差别，以形成一种新的犹太国民文化。"

第一章
知识是致富的原动力

现在，在以色列，全国的世俗教育皆由国家负责，5—16岁的少年儿童都必须入学接受免费教育，高中以上学生的学费根据其家庭经济情况给予全部免费或部分免费。因此，以色列在教育方面投入了较高的经费。从20世纪70年代始，以色列教育经费始终高于全国国民生产总值的8%，最高的1979—1980年度竟达8.8%。

以色列的教育投资之高，在世界上也是罕见的。

正是因为有了较高的教育投资，以色列的教育才有了迅速发展的坚实基础。

高昂的教育投资使以色列的教育结出了累累果实。

以色列的大学是公认的世界一流大学。凡是到过以色列的人都必去"游览"以色列的大学。这里校园优美、建筑宏伟、设备先进、藏书丰富，许多研究成果被国际学术界承认为权威性项目。

以色列每4500人中就有一名教授或副教授。由于国内容纳不了这么多专家、学者，以色列已开始"输出"人才，不少人才外流，特别是流向美国。

发达的教育和优良的人才素质终于使"弹丸之国"以色列成为一股不可忽视的政治力量和国际力量。

05 教育要从孩童抓起

没有学童的城市终将衰败。有学童而不教育的家庭，必将是一个贫穷的家庭。

孩子的童年决定他的终生，这在犹太人中是一个至理名言，在现实中也是不争的事实。但实际上，如何对孩子因材施教，以期将来能实现自己的人生价值，是所有父母必须面对的问题。

在犹太人的思维当中，对孩子没有天才与庸才之分，他们认为一个普通的孩子只要教育得法，也能成为一个杰出的人。

例如，爱因斯坦小时候并不是一个聪明的孩子，天赋也不算高，四岁开始说话，在小学时因为学习成绩不好，老师曾要求他退学；而在他的家庭中，他母亲对他的音乐熏陶和他叔父对他进行的数学启蒙，培养了他杰出的形象思维能力，使他最终成为一名伟大的科学家。

一位犹太教育专家曾说过这样的话："人刚生下来的时候没什么两样，

第一章
知识是致富的原动力

但因为环境，特别是幼小时期所处的环境不同，有的人可能成为天才或英才，有的人则变成凡夫俗子甚至蠢材。就算是普通的孩子，只要教育得法，也会成为不平凡的人。"

多数犹太教育家认为，婴儿在0至3岁间的学习方式与长大后不同，前者是一种模式学习，即无意识学习，后者称之为主动学习，即有意识学习。了解这一点对开发孩子的潜能是非常有价值的。

天才并不神秘，也不是可望而不可及，而是与生俱来的一种潜能，每一个人身上都存在，只是后天的培养不当，潜能没有开发出来而已。如何塑造天才，如何发掘天才？最为重要的就是在生活中，在我们的家庭中尽早挖掘出孩子的潜能。

根据生物学、生理学、心理学等学科的研究，人天生就有一种特殊的能力。它隐秘地潜藏在人体内，表面上看不出来，这就是潜能，即我们所说的天才。

每个人都是有潜能的，但人的潜能并不是恒定的、永存的、而是遵循潜能递减规律的。

很多犹太教育家都有这样的看法，一个人的事业、社会地位、婚姻和财富，并不取决于某种单一的因素，智商高的人不一定成功，同样，智商不高的人不一定不成功。而智商的高低恰恰与早期教育有着极大的关系。

我们可以通过两个实例窥见犹太教育的一斑。犹太母亲爱莎说：

"我的孩子出生还不到六周，我就自作主张要他看一些有颜色的东西，比如，我给他喂奶的奶瓶的颜色就各不相同，我发现用不同颜色的奶瓶给孩子喂奶是一件很有意思的事。因为这样孩子就会爱上某种颜色，当用他所喜欢的颜色的奶瓶喂他奶时，他总是表现得很有食欲。两只粉嫩的小手总是试图要抱紧这只奶瓶。

"当然，用他不喜欢的颜色奶瓶喂给他奶时，他是不开心的，他会不停地扭头，回避奶瓶嘴或吐出来，有时还会皱着眉头表示他的反抗。

"除了奶瓶之外，我还给孩子买了红色的小鼓，用短绳把小鼓拴到他的手腕上，随着手的上下摆动小鼓就会发出声音，孩子就会很高兴。

"为了让孩子分辨与记住这些颜色，我每周给他换一个其他颜色的小鼓。通过这种方式，在不多的时间中孩子就会记住绿色、红色、蓝色、黄色等颜色。在形状上就会对圆的、方的有一个不同的概念。"

另一个犹太母亲海可·华斯格说：

"教育孩子的方式很多，可以让孩子拿一些贴有砂纸的纸片和其他光滑的物品，教给孩子粗糙、光滑等形容词。当然婴儿拿着这些东西总喜欢往嘴里送，家长要注意，不要让孩子养成这种习惯，让他们记住大人不允许的东西是不能放进嘴中的。"

犹太人有一个良好的习惯，为了教育好自己的孩子她们总是在不断探索教育孩子的方法。有了一种好的方法，她们就会毫无保留地传授给他人。她们认为教育好孩子是每一个犹太母亲的责任，也是一个母亲所应承担的民族责任。

第一章
知识是致富的原动力

06 读书是一生的事业

知识就是力量，谁掌握了知识，谁就有力量。

犹太人之所以能在科学技术、文化艺术和经商等各行各业出现众多的佼佼者，秘诀在于勤于读书，善于学习。各类杰出的犹太人，他们的事业成功无不与勤于读书和善于学习有关。犹太人由于民族遭受过两千多年的迫害，流散在世界各地，受尽歧视和排挤，迫使他们要掌握一门或更多的科学技术本领作为谋生资本，这样就形成了一种勤劳好学的风气和传统。

"知识就是力量"，谁掌握了知识，谁就有力量。知识来自于个人实践和别人的经验。而个人的实践由于受时间、范围和条件的制约，总是有限的，更多的是来自别人的经验。书本是一些经验和新知识、新技术的"仓库"，它汇集了各种知识和经验，所以，俗语有云："开卷有益，一字千金"，"读书能求理，越读越有味"，"一日读书一日功，一日不读十日空"等。

犹太民族十分注重正规的学校学习，他们不论家庭条件好坏，都设法让自己的孩子进学校读书，经济条件不宽裕的家庭则在孩子读大学时，让其半工半读以保障学业完成。正是因为这样，犹太人的教育程度普遍较高。以今天的以色列为例，它确立以教育为本，一直把教育事业列作民族的首要任务，其教育经费的开支，仅次于国防开支，从而确保了以色列的教育处于发达国家的前列。

犹太人一生的首要义务就是教育子女。目的在于让后代能在竞争的社会中得以生存和发展，壮大本民族的力量。犹太人懂得，现代社会经济生活处于快速的发展变化之中，如果跟不上时代发展的步伐，就会落伍，在激烈的竞争中被淘汰，经商做买卖如此，从事科学技术事业亦然。

处在这样一个瞬息万变的世界里，任何故步自封、因循守旧、缺乏远见和不求上进，都难以避免失败的厄运。犹太人坚信，只有自己不断学习，更新

第一章
知识是致富的原动力

知识，而且着力培养后代，让他们成为文化素质较高的新的一代，才能适应未来社会的发展。

犹太人既注重学校的正规教育，又倡导自教自学。因为，学校教育是获取基础知识的主要途径，很多专业知识及实际操作技术要通过实践或专业学习才能得到。但实际上，由于各人和条件不同，受到正规教育的情况也就不尽相同。所以，犹太人很注重具有自己独立获取知识的技能，从中指导自己的实践工作。事业有成的犹太人都有一套高效的读书方法：

1. 善于收集学习资料。他们根据学习的目标要求，收集包括书籍、杂志、报纸、文献、录音带、录像带、电子计算机贮存的资料、电脑软件等所需资料。

2. 确定精读的资料，并读懂、读透。

3. 按学习所划定的范围泛读，以达到广采博收之效。

4. 借用别人的头脑"读书"。在个人条件所限的情况下，把一些需要学习和了解的书、资料交给下属有一定素养的人阅读，让他读通后把核心内容和要领归纳后告诉自己。这样，如发现有待进一步了解的，则自己再有重点地阅读。

5. 定向选读。如自己需要攻克某个方面的技术或项目而缺乏相关知识，即选定针对性的书籍、资料阅读和学习。

6. 通过多形式获取知识。不仅从书本、资料获取相关知识，还可以通过与人交往来学习。如交谈、讨论、会议、报告、电视、广播等方式，吸取大量的知识和信息。

07 知识是
　　夺不走的财富

知识还是一种特殊形态的财富。"不被抢夺且可以随身带走"。

犹太人有着宗教般虔诚的求知精神，且将知识当做他们最稳妥的财富，所以，他们耀眼于世界各个领域，无论是科技界、思想界、文化界、政界还是商界，都是造物主对他们求知精神的回报。

有这样一则故事：有一次，一艘大船出海航行，船上的旅客尽是些大富翁，唯有一个人例外，他是一个拉比。

富翁们闲着没事，就互相炫耀自己所拥有的巨额财富。正当他们彼此之间争论得不可开交之时，那位拉比却说："我觉得还是我最富有。只是现在我的财富不能拿给你们看。"

半途中，海盗袭击了这艘船，富翁们的金银财宝等等，全被抢掠一空。海盗们离去后，这艘船好不容易抵达了一个港口，但已没有资金继续航行了。

下船后，这位拉比因其丰富的学识和高尚的人格，立刻受到居民的器

第一章
知识是致富的原动力

重,被请到学校里去教导学生。

过了一段时间,这位拉比偶然遇上那些曾经同船旅行的富翁。如今,他们都已陷入朝不保夕的凄凉境地。

富翁们深有体会地对拉比说:"你以前讲得一点不错,一个没有学问的人,等于什么都没有。"

从这则故事中,犹太人得出的结论是:

知识可以随身带走,且不会被抢夺,所以知识是最重要的。

犹太人的这个结论,十分直观、实际。在当今世界上,知识就是财富,受教育程度同收入成正比,几乎已经成为一条严格的定理(除了在少数地方)。

以美国为例,一个高中毕业生一生大约比一个初中毕业生多挣10万美元(80年代初水平),一个大学毕业生又要比一个高中毕业生一生至少多挣20万美元。而600万美国犹太人中,高中毕业生当时已达84%,大学生已达32%。相比之下,全美总人口中,只有35%的高中毕业生和17%的大学毕业生。

仅仅这一个差别已经构成了美国犹太人与美国其他少数族类群体的巨大

差异的基础：1974年美国犹太人家庭平均收入为1.334万美元，而白种人中（有色人种就更不用说了）非犹太族类群体的家庭平均收入只有9953美元。前者比后者高了34%。

对个人来说是如此，对国家来说也同样如此。用伊扎克·纳冯的话来说："教育上的投资就是经济上的投资。"

况且，"教育上的投资"岂止"经济上的投资"！知识还是一种特殊形态的财富。"不被抢夺且可以随身带走"，犹太人早就领悟、发现、赞美这样的优点了。

在反犹主义存在的长时期内，犹太人随时准备踏上迁徙之途。而且，上路之前往往还要遭受一场洗劫。他们能带走的只有信仰和知识，以及由知识和求知探索而生成的智慧，至于不动产及金钱，往往被反犹主义者所掠夺。

随后犹太人把他们所带走的知识转化为物质形态的财富，而知识，也就是他们所有投资的浓缩和凝固形式。犹太人在流散四方的途中或新居住点能迅速地找到那些缺乏教育者无法与其竞争的较好的位置，从而站住脚、恢复元气甚至兴盛起来，知识，所起的作用至关重要。而犹太人自己的国家以色列之所以能在短短几十年内迅速崛起，从某种意义上讲，同样是这笔"资本"的作用。

以色列的自然资源十分贫乏，如水资源和油气资源。但是，以色列的人才资源却异常丰厚。数十年来，欧美以及苏联等地的许多一流人才都移民到了这个小小的国家。他们带来了自己的知识、技术、专长，换言之，他们带来了他们教育投资的全部，从而使以色列从建国之日起就是世界上教育水平最高的国家。从另一方面来讲，这又为以色列继续培养人才打下了基础。如今，以色列已经是人才过剩的国家。据统计，以色列人均产值的增长部分中，有1/3—1/2是靠提高生产率取得的。从而使地处沙漠边缘的以色列，以只占人口总数5%的农民养活了全国居民。

第一章
知识是致富的原动力

对于犹太人来说，知识的那种"可以随身带走"的灵巧性，也可以使他们选择同样"可以随身带走"的灵巧职业。

在任何一个地方，犹太人都相对集中于金融、商业、教育、医学和法律行业。70年代初，美国犹太人的职业构成中，这类专业性、技术性、经营性工作所占的比重，男子为70%，女子为40%，而同期全美平均却分别只占28.3%和19.7%。在最为灵巧而收入最高的两大行业，医生和律师中，犹太人的比例更是奇高：

1925年普鲁士约有33%的医生和25%的律师是犹太人；在犹太人仅占4.5%的罗马尼亚，有1/3以上的医生，包括兽医是犹太人；而70年代末的美国，约有3万名犹太医生，占私人开业医生总数的14%，约有10万名犹太律师，占律师总数的20%。

看着这些令人枯燥的数据，不能不又一次让我们感叹犹太民族、犹太文化或犹太智慧的神秘力量：一个古老民族保存了几千年的价值观念和技术手段，却能同现代社会如此和谐地相吻合，如同上帝的安排。

08 学识渊博的
商人才能成功

知识和金钱是成正比的，只有掌握了更多的知识，才能在财富的王国里自由驰骋。

在中国人的眼里，"学识渊博"使人联想到目光深邃、风度翩翩、气宇轩昂的大智者、大学者，而绝非商人，提及商人，只能冠以势利、市侩、满身铜臭等字眼，令人嗤之以鼻。

随着时代的变化，中国人的观念也不断发生变化。改革开放以后，形成了一股经商潮。大教授、小店员纷纷下海从商。"商人"一词成为热门词汇，但是人们始终认为商人只要有钱，有知识无知识都无所谓。中国人就把商人和知识隔离开来了，也就是说，中国人经过千百年历史，终于开始重视商人。但对商人的崇拜，只是局限于对金钱盲目崇拜的一种形式。至于商人应具备哪些素质，什么样的商人才能赚取更多的钱？他们对这些漠不关心。

单从这一点上来看，犹太人要比中国走在前面，他们首先把金钱和知识联系起来，认为商人同样要学识渊博。

与犹太人接触，你很快就会发现，犹太人的知识相当丰富。犹太人很健谈，而且涉及各个方面，大到世界政治、人类生存，小到节假日消遣；长到世界历史、民族历史，短到近期的体育新闻。无论是经济、政治、法律、历史，还是生活小细节，他们都能滔滔不绝，谈得头头是道。

正因为用丰富的知识武装了头脑，犹太人的经商才有了底气，有了成功的可能。在他们的眼里，知识和金钱是成正比的。只有掌握了更多的知识特别是业务知识，在商业活动中才不会走弯路，才能先到达目的地，也才能更快地赚更多的钱。

犹太商人认为一个商人拥有各方面的丰富知识，是商人的基本素质，是在生意场上能赚钱的根本保证。因为拥有丰富的学识，视野就变得开阔，而有一个广阔的视野对商人们形成正确判断起着至关重要的作用。在犹太人看来，一个仅能从一个角度观察事物的人，不但不配作商人，甚至不能算个完整的人。

犹太商人不但要求自己要不断地学习、学习、再学习，而且也要求别人要多学习。他们绝不和见闻狭隘、学识浅陋、品行粗俗的人为伍。与这些人来往，可能会给自己带来一些眼前的利益，但却使自己在犹太商人群体中的信誉大受影响，得到负面评价。相反，多结交学识渊博的朋友，不但可以相互得益，还能提高自己的信誉，有利于自己事业的发展。

一个犹太钻石商曾这样问他的合作人："你知道大西洋底部都有哪些特殊鱼类吗？"钻石与大西洋的鱼类似乎风马牛不相及，犹太人为何问这样不相干的问题？

在犹太人的思维中他们认为一个钻石商人需要的是一个丰富的头脑，假如他连"大西洋有哪些鱼类"这样生僻的问题都能了如指掌，那他对钻石业务知识的了解就不可能不透彻，同这样的商人合作准赚钱。

下面我们就以经营钻石为例，谈一谈商人学识渊博的重要性。

钻石是一种昂贵的商品，也是属于"女人"的商品，按犹太人的经商法来说，钻石是一种很赚钱的商品。

可是在日本，许多商场都摆设了琳琅满目的钻石制品，但生意始终冷冷清清。是不是犹太人的经商法失灵了呢？

犹太人的经商法从不会失灵，生意失败的原因却仅仅是经商者由犹太人变成日本人或其他国人。因为这些经营者只是简单模仿了犹太商人成功的经历，而没有掌握其背后的丰富知识。

商人要学识渊博，这是犹太人提出的口号，同时也是他们的经商法则。学识渊博不仅提高商人的判断力，还可以增加他的修养和风度。一个有涵养的人和一个俗不可耐的人，分别去应酬同一宗生意，成功必定属于前者。

钻石是贵族商品，顾客一般都是社会上层人士，假如是一个学识渊博的商人，他除了了解自己商品以外，还了解自己商品所针对的顾客的心理，尽力满足顾客的需要，必要时还会客气而又不失风度地与顾客周旋，取得顾客的信任与重视，这样生意就成功了一半。相反的，假如是一个见闻狭窄，学识粗浅的商人，他既不懂得怎样设置排场，创造气氛，也不知道怎么招揽顾客，更不知道怎样树立自己的信誉，衣饰粗俗、满口粗话，就不会得到顾客的认可。

也许，有的人仍不明白，钻石和学识渊博到底能搭上多少关系？成功钻石商到底应具备哪些条件？

有个日本商人，他对犹太商人的经商方式掌握得很好，并取得了贩卖女士手提包的成功，在经营服饰品贸易中立住了脚跟。他想进一步扩大营业范围，并想涉足钻石生意，为了避免遭受前人一样的失败命运，这个日本商拜访了当时有名的世界钻石大王玛索巴氏，向他请教。

"钻石生意要取得成功究竟必须具备哪些条件？"

玛索巴氏毫不客气地回答他：

第一章
知识是致富的原动力

"要想成为钻石商人,必须事先拟好一个一百年的计划。也就是说,单靠你一生的时间是不够的,最少要加上你孩子那一代,要两代人的时间才行。同时,经营钻石买卖,最要紧的一点是获得别人的尊敬和信任,被人尊敬和信任是贩卖钻石的必备基础。因此,钻石商人学识要非常渊博,无论什么事都要知道才好。"

玛索巴氏想考一考日本商人的学识,冷不丁地问:

"你知道澳大利亚近海一带有些什么种类的热带鱼吗?"

这位日本商人被问得哑口无言。

犹太商人之所以学识渊博,而且追求学识渊博的商人素质,与他们几千年辉煌的商业智慧和丰富的商业实践关系甚密,也与他们提倡学习、尊重知识、鼓励学习精神的民族传统一脉相承。犹太人将学习定义为终生不懈的任

务。一个人的知识越多,懂得越多,就越会发生怀疑,就越觉得自己无知,而怀疑正是学习的钥匙,能开启智慧之门;求知的欲望正是不懈的学习、探求的动力,学习使人不断进步。所谓的学习绝不是一个接纳知识、积累知识的简单过程,也就是说,不能为了学习而学习,长于学习且融会贯通后会形成一种瞬间决断的能力,即知性,它能使人抓住瞬间的机会,预见未来的趋势,洞悉细微处的变化,把握宏观而抽象无形的东西,这就是犹太商人在纷繁宏大、瞬息万变的世界商海中直挂云帆、从容自若的根本原因。

犹太人说:"深井中的水是抽不完的。浅井却一抽见底。"

第二章
金钱是上帝赐予的最好礼物

犹太人非常重视金钱,并视金钱为"世俗的上帝",犹太人知道,只有掌握了金钱,才能掌握生存和发展的权利,才能摆脱贫穷,改变受压迫的命运。金钱对于犹太人来说,绝不仅是财富的象征,更是他们人生成功的标志。

01 金钱是窥视人格的一面"镜子"

品行卑劣的人心中只有钱而没有道义，而高尚的人由于注重道义而往往忽视钱。

在历史上，金钱曾被各个民族广泛地看做一种罪恶或者至少是准罪恶的东西，但犹太人除外。犹太人认为一个民族一旦掌握了金钱，它便掌握了生存和发展的权利，它不仅可以用金钱对付外族的侵略和演化，还可以利用金钱增加抵抗的力量。

犹太人以重视金钱而闻名，他们虽以宗教作为生活的依托，但他们从不轻视金钱，这一点与其他宗教恰好相反。金钱在他们心目中非常重要，被看做是散发温暖的"圣经"。可是他们并不视金钱为命，他们重视金钱的同时又是那么轻视金钱。因为，一个人是卑微还是高尚都可以通过金钱反映出来。

有这样一个故事在犹太人中间广为流传——所罗门时期的某个安息日，有三个犹太人来到耶路撒冷，他们由于身边带钱过多不方便，大家商议将各自

第二章
金钱是上帝赐予的最好礼物

带的钱埋在一块,然后就出发了。结果,其中有个人又溜回来,将钱偷偷地挖走了。

第二天,大家发现钱被盗了,知道一定是他们中的某一个所为,但苦于没有证据。于是,三个人便一起去素以断案英明著称的所罗门那里请求仲裁。

所罗门了解事情经过后,没有急于问案,反而说:"这里正好有道题解不开,请你们三位聪明人帮忙解决一下,然后我再为你们裁决。"

所罗门先讲了一个故事:

有个姑娘曾答应嫁给一个男子,并订了婚约。但不久以后,她又爱上了另一个男子。于是,她便向未婚夫提出解除婚约。为此,她还表示,愿意付给未婚夫一笔赔偿金。但她的未婚夫虽无意于赔偿金,也痛快地答应了她的要求。由于姑娘有很多钱,结果被一个老头拐骗了。后来,姑娘对老头说:"我以前的未婚夫不要我的赔偿金就和我解除了婚约,所以,你也应该如此待我。"于是,那个老头也同样答应了她的要求。

讲完故事后,所罗门询问道:姑娘、青年和老头,谁的行为最值得赞扬?

第一个认为,男青年能够不强人所难,不拿一点赔偿金,其行为可嘉。

第二个认为,姑娘有勇气和未婚夫解除婚约,并要和真正喜爱的人结婚,其行为可嘉。

第三个人说:"这个故事简直莫名其妙,那个老头既然为了钱才诱拐姑娘的,可为什么不拿钱就放她走了呢?"

所罗门不等第三个人说完,指着他大喝一声:"你就是偷钱的人!"

然后,所罗门解释道:"他们两人关心的是故事中人物的爱情和个性,而你却只想到钱,你肯定是小偷无疑。"

犹太人的这则故事说明对于钱的态度是一个人人格高低的体现,品行卑劣的人心中只有钱而没有道义,而高尚的人由于注重道义而往往忽视钱。所以说,金钱是窥视人格的一面"镜子"。

02 金钱可以增加安全感

"朋友,你和我同属一个种族——犹太人,这个种族能够做到一切,就是不能失败。"大政治家迪斯累利这样说。

对犹太人来说,金钱是非常重要的。对于没有市民权,没有行会会员资格,土地所有权不被认可,甚至没有政府保护的他们来说,在危急的情况下可以依赖的只有金钱。罗马时代的一个拉比曾经感叹到:"如果一文不值的话,谁都不会尊重我们!"可见,金钱对于犹太人的重要性。

犹太人所在国的统治者们,更是时刻盯着他们手中的金钱。统治者们豪华的宫殿、贵族的奢侈生活、显示帝国的威严和其他的国家进行战争,这些都需要犹太人为他们提供大量的金钱。对他们来说,犹太人就是他们的钱袋子,不需要的时候把他们丢在一边,进而进行驱赶和屠杀;需要的时候,就把他们召回来,并且对他们恩宠有加,尽力巴结。

犹太人有了金钱,但是也遭受了世人的妒忌,在世界的许多地方掀起了

第二章
金钱是上帝赐予的最好礼物

"反犹"运动。而这样的运动其实就是一场经济的战争。犹太人明白自己是输不起这场战争的,因此,为了自己的生存去获取成功已经成为犹太人不可推卸的责任。

犹太人流离失所,四处漂泊,并屡遭劫难,而只有金钱可以给他们提供一点保护,让他们感觉到安全。当他们哪天遭到各地统治者驱逐的时候,金钱就可以换取别人的收留和保护;当地的人发起反犹暴乱的时候,他们可以用金钱贿赂而求得一条生路;他们外出做生意的时候遭到土匪的抢劫,钱可以赎回他们的生命。由此可见,金钱对于犹太人来说,可以增强他们的安全感,是可以永远保护自己、让自己平安的"上帝"。

金钱让当地人民及政府不敢小觑他们。一位观察家在他的著作里这样写道:"犹太人实际上的政治权力和他们的政治权利之间的矛盾也是政治与金钱势力之间的矛盾,虽然在观念上,政治权力凌驾于金钱权利之上,其实前者却是后者的奴隶。"金钱,让世间的权势们都匍匐在它的脚下,让犹太人真正地能够站立起来,重新获得世人对他们的尊敬。

因此,犹太人只好想尽一切办法来发财,让自己变得有钱。他们对钱的崇拜也就达到了极端的地步。对犹太人来说,钱在他们的生活中居于重要地位,并掌握着他们的生死。

犹太人因为金钱获得了保护和安全,但是也因为他们实在是富可敌国,而遭到了世人的嫉妒和仇恨,他们只好再次拼命的赚钱来获取更大的保护。为了获取更多的钱,他们不得不让自己赚钱的能力越来越精湛,他们理财、生财、发财的本领越来越高,而他们也就变得越来越富有。

在两千多年前,犹太人就对钱就有一种独特的迷恋。犹太民族的悲惨经历决定着犹太人对钱的态度,并在很大程度上反映出一个社会、一个民族或一种文化的"资本主义合理性"水平。

其一，犹太人屡遭驱逐或杀戮，每当形势紧张，他们踏上流浪之路时，钱是最便于他们携带的东西，也是他们保证自己旅途中生存的最重要手段。

其二，金钱是唯一不具异端色彩的东西，是他们同其他宗教教徒打交道的媒介。

其三，犹太人因为金钱而锋利了寄居城市的独特生存权利。历史告诉人们，犹太人若非在金钱方面有超强的智慧，早就消失殆尽了。同时，金钱也是犹太人相互之间彼此救济的最直接方式。

其四，犹太人的长期经商传统也使他们不可能鄙视钱。尽管钱在别人那里只是媒介和手段，但在商人那里，钱永远是每次商业活动的最终争取目标，也是其成败的最终显示。

综上所述，金钱对犹太人来说，已经成为一种独立的尺度，一种不以其他尺度为基准相反可以凌驾于其他尺度之上的尺度，更是他们保障自身安全的全部砝码。

03 做金钱的主人，
　　不做金钱的奴隶

勿把信誉置于金钱中，要把金钱置于信誉中。

尽管犹太人把金钱看得十分重要，并称它为"上帝"，但他们并没有成为金钱的奴隶，在金钱的狂态面前俯首称臣。

洛克菲勒习惯到他熟悉的一家餐厅用餐，用餐后往往会付给服务员15美分的小费。但是有一天，他用餐后却不知为何原因，仅付了5美分的小费。

服务员见比往常的小费少，不禁埋怨说："如果我像您那么有钱的话，我绝不会吝惜那1角钱。"

洛克菲勒却毫不生气，笑着说："这也就是你为何一辈子当服务员的缘故。"这位世界有名的亿万富翁，对金钱的看法就是：不但不做金钱的奴隶，相反，还把金钱当做奴隶来使用。

04 现金的好处

没有人能预知明天是什么样，也无法保证对方明天会发生怎么样的变化。人、社会及自然，每天都在变，只有现金是不变的。

犹太人在长期的历史中，驱逐和杀戮时刻威胁着他们，他们必须时刻准备着携带现金流亡。于是犹太人在金钱方面还有一个较特别的地方，就是遵守现金主义。有一个幽默正好说明了这一点：

有一位犹太人在临终之际，立下遗嘱：

"请将我的财产全部兑换成现金，用这些钱买一张高级的毛毯和床，然后把余下的钱放在我的枕头里面，等我死后再将它们一同放进我的坟墓，我要带这些钱到天国去。"

富翁死后，亲人依遗嘱准备将死者所有财产换得的现金一同埋进他的坟墓，这时，他的一个朋友觉得这样太可惜，就灵机一动，飞快地掏出支票和笔，签下了同等的金额，撕下支票，放入棺材。他轻轻地对死者说："伙计，

第二章
金钱是上帝赐予的最好礼物

金额与现金相同,你会满意的"。

这则故事说明了犹太人对现金的偏爱。正如我国的一则俗语所言"赊三不如现二",犹太人这种对钱的态度,对我们的现实生活是有参考价值的。

在日常生活及交往中,现金主义表现得特别明显。在做生意时,犹太人关心的是现金,力求把一切东西都"现金化"。因为在他们看来,在繁琐复杂的社会中,没有人能预知明天是什么样,也无法保证对方明天会发生怎么样的变化。人、社会及自然,每天都在变,只有现金是不变的,这是犹太人的信念也是犹太教的"神意"。

而在当今的贸易活动中,现金仍是十分重要的,瞬息万变的市场,风险潜伏在各种买卖活动中,如果忽视了现金主义,就可能面临不可知的困境。

所以,犹太商人的现金主义观念是很有道理的。

彻底采取现金主义,是犹太人的商法之一。他们只信任自己和现金,由此可见现金在犹太人生活中的地位。他们认为,唯有现金才能保障他们的生命及生活,以对抗天灾地变以及人祸。

犹太人的现金主义,在日常生活以及交往中表现得特别明显。

当犹太商人交易时,他们的心中想的是,"那个人今天究竟带了多少现款?"更令人惊讶的是对公司的评价:"今天那个公司,换成现款,究竟值多少?"总的来说,他们关心的是现金,脑子中除了现金,没有其他的货币形式了。他们力求把一切东西都"现金化",唯用现金换算来估计有多少价值,即能相当于多少现款。

正因为如此,犹太人对银行存款不感兴趣,银行存款虽然有利息,但利息是微乎其微的,而且利息的增长幅度还不如物价上涨速度快呢,现金虽然不增,但也不减少,所以对于犹太人来说,不减少就是不亏本的最起码条件。

19世纪的南非首富之一,犹太钻石商巴奈·巴纳特就"始终和现金或现金之类的东西打交道,喜欢钻石、金镑和纸币,而不赏识那些被称为'股票'之类的纸玩意儿。"

还有英国犹太富商、欧洲第三大食品生产和经营集团卡文哈姆公司的老板詹姆斯·戈德史密斯爵士也迷恋于现钞:他对售出的东西一般都要求支付现钞,而购货时则往往尽可能用股票支付和采取长期借贷的方式。

犹太人之所以奉行彻底的现钞主义,一方面是因为他们在大流散中可以随身携带现金逃跑,另一方面是因为他们对任何人都不放心,唯有现钞是安全、可靠和永恒的。

第二章
金钱是上帝赐予的最好礼物

05 赚钱莫问出处

我们的资产常是我们自己的陷阱,而又是对别人的诱惑。

在经商活动中,犹太人有一个看似简单却很难做到的特点,他们对顾客总是一视同仁而不带一丝成见。在犹太人看来,因为成见而坏了可以赚钱的生意,简直太不值得了。

犹太人散居世界各地,虽然他们也有国籍之别,但是他们都自视为同胞,而且他们之间都经常保持密切的联系。犹太人在经商过程中的宝贵经验:贸易之中无成见。要想赚钱,就得打破既有的成见,就像金钱没有肮脏和干净之分一样。犹太人对交易的对象也是不加区分的。只要能赚钱,达成生意协议,能从对方的手中得到钱,就可以做。

犹太人聪明地认识到:要赚钱,就不要顾虑太多,不能被原来的传统习惯和观念所束缚;要敢于打破旧传统,接受新观念,也就是说要想赚钱,就要打破成见。众所周知,金钱是没有国籍的,所以,赚钱就不应当区分国籍,也不应为自己计划赚钱的种类限制圈子。这也是犹太人的成功所在。

一方面，在文化背景上，犹太人不受禁欲主义的影响。他们的生活也从未分化成宗教与世俗的两大部分。犹太人在宗教节期间有苦修的功课，但功课完毕之后，便是丰盛的宴席，这就是犹太人典型的生活方式。

另一方面，从犹太商人集中于金融行业和投资回收较快的行业来看，犹太商人具有冒险精神，他们认为赚钱的方式是"钱生钱"而非"人省钱"。

这两个因素的结合，使犹太商人的经营方式和生活方式形成了鲜明对照。在业务方面，犹太商人精打细算，生活中却挥金如土。像英国犹太银行家莫里茨·赫希男爵那样，在庄园里招待上流社会人物，在历时两周的款待中，其他不说，光是狩猎游戏中宾客射死的猎物就达1.1万头，这毕竟是不多见的。但即使节俭到冬天不生火炉的上海犹太商人哈同，也舍得以70万两银元修造上海滩最大的私人花园爱俪园，以取悦自己的爱妻。

第二章
金钱是上帝赐予的最好礼物

犹太商人的这种生活方式令日本商人由衷的折服。犹太商人不管工作如何忙,对一日三餐从不马虎,总留出时间,还要吃得像样,而且进餐忌讳谈工作。而日本商人的人生格言是:"早睡早起,快吃快拉,得利三分。"两相对比,日本人大觉羞愧:"仅仅为得三文钱,就必须快吃快拉,这是何等贫穷的表现。"

对饮食的态度只是犹太人生活方式中的一个方面,他们每周还要过那整整24小时不谈工作甚至不想工作的安息日!常言道"利令智昏",一个在利润(工作)问题上拿得起放得下的商人,其智力才不会衰竭。

早期好莱坞巨头之一、白手起家的刘易斯·塞尔兹尼在告诫其子大卫(电影《飘》的制片人)时说:"过奢侈的生活!大手大脚地花钱!始终记住不要按你的收入过日子,这样能使一个人获得自信!"这句话已经成为好莱坞的经营原则。

所以,自信对于一个商人来说尤其重要。它能使你自己发挥原有的能力和才智,能使同伴增加信任,能使对手感到压力。一个气定神闲、心平气和的商人,才像真正成功的商人。

06 有钱赚
   就不要拒绝

　　智慧只有化入金钱中，才是活的智慧，钱只有化入智慧之后，才是活的钱。

　　钱是货币而且只是货币，在犹太人的赚钱观念中，钱只是一个人拥有的物质财富多少的标志。钱干干净净、平平常常，赚钱大大方方、堂堂正正。

　　以钱为生，这只是犹太人朴素而又自然的生活方式。

　　一位无神论者来看拉比。

　　"您好！拉比。"无神论者说。

　　"您好。"拉比回礼。

　　无神论者拿出一个金币给他。拉比二话没说装进了口袋里。

　　"毫无疑问你想让我帮你做一些事情，"他说，"也许你的妻子不孕，你想让我帮她祈祷。"

　　"不是，拉比，我还没结婚。"无神论者回答。

　　于是他又给了拉比一个金币。拉比同样没有拒绝又装进了口袋。

第二章
金钱是上帝赐予的最好礼物

"但是,你一定有些事情想问我,"他说,"也许你犯下了罪行,希望上帝能开脱你。"

"不是,拉比,我没有犯过任何罪行。"无神论者回答。

他又一次给拉比一个金币,拉比二话没说又一次装进了口袋。

"也许你的生意不好,希望我为你祈福?"拉比期待地问。

"不是,拉比,我今年是个丰收年。"无神论者回答。

他又给了拉比一个金币。

"那你到底想让我干什么?"拉比迷惑地问。

"什么都不干,真的什么都不干,"无神论者回答,"我只是想看看一个人什么都不干,光拿钱能撑多长时间!"

"钱就是钱,不是别的。"拉比回答说,"我拿着钱就像拿着一张纸,一块石头一样。"

在心中钱就是钱,一件平常的物。因此犹太人孜孜以求地去获取它,当失去它的时候,也不痛不欲生。正是这种平常之心,使他们在惊涛骇浪的商海中驰骋自如,临乱不慌,稳操胜券。

视钱为平常物，是犹太人经商智慧之一。

犹太人认为赚钱是天经地义，是最自然不过的事，如果能赚到的钱不赚，那简直就是对钱犯了罪，要遭到上帝的惩罚。

犹太商人赚钱强调并善于以智取胜。他们认为，金钱和智慧两者中，智慧较金钱重要，因为智慧是能赚到钱的智慧，也就是说，能赚钱方为真智慧。智慧只有化入金钱中，才是活的智慧，钱只有化入智慧之后，才是活的钱，活的钱和活的智慧难分伯仲。

基于这样的观念，在犹太人看来，真正智慧的人是既有学识又有钱的人，所以犹太人很少赞美一个家徒四壁的饱学之士。

犹太人爱钱，也从来不隐瞒自己爱钱的天性。所以世人在指责其嗜钱如命、贪婪成性的同时，又深深折服于犹太人在钱面前的坦荡无邪。只要认为是可行的赚法，犹太人就一定要赚，赚钱天然合理，赚回钱才算真聪明。这就是犹太人的经商智慧的高超之处。

第二章
金钱是上帝赐予的最好礼物

07 赚钱靠勇气，
　　储蓄靠聪明

财富的增长和闲暇的增多，可以促进人类文明。

犹太商人重信誉，遵规守法，但在实际经营活动中，犹太商人同样也会遇到种种法律规则与经营目标发生冲突的情境，这时候，他们的基本策略是化两难为两全。

犹太人中流传着这样一个笑话：以色列的住房问题很严重，几个德裔犹太人只好将一个报废的火车车厢作临时住所。一个晚上，几个德裔犹太人穿着睡衣，在寒风中颤抖不已地来回推着车厢。一个本地犹太人不解地问："你们到底在干什么？"

"因为有人要上厕所，"推车人耐心地说明，"车厢里写着：停车时禁止使用厕所。所以，我们才不停地推动车厢。"

规定是铁路主管部门制定的，无论其是否有效，应由列车车厢的所有人或铁路主管部门宣布，这几个犹太人没有立法的权力，自然也没有废除某项法律的权力。

规定既然不能废除，用厕所又在情理之中，聪明的德裔犹太人就想出了让列车"动起来"的点子，只要车厢一动，规定便从其本意上不适用了，无须再由任何人来废除，规定没有违反，如厕的要求也满足了，不是两全其美吗？

所以，这则笑话表明：在通常情况下，犹太人有变通法律，从形式上遵守，同时又不真正改变自己原有活动方式的智慧和能力。

我们把这么个抽象概括同一则笑话扯在一起，并非牵强附会。"道在屎溺"，笑话本是最有"道"之处。只要我们把笑话中的两难移进生意场上去，就会发现其中的妙处。

行贿是生意场上几乎不可缺少的手段，且大多是暗中进行的。许多国家都有禁止行贿的法律规定，尤其是在美国国内，对行贿的制裁很严。

第二章
金钱是上帝赐予的最好礼物

但看犹太商人是怎样做的。

利昂·赫斯是美国犹太人中新出现的一个石油富豪，在美国的大富豪中位列第21名，控制着颇具规模的阿美拉达—赫斯石油公司将近22%的有表决权的股份，拥有的财产在2亿至3亿美元之间。

在1981年之前，阿美拉达—赫斯石油公司一直使用国外进口的高价石油，同时享受着政府每年2亿美元的补贴。但从1981年起，美国政府取消了国内石油价格管制，国内石油与进口石油的巨大差价不复存在，价格补贴也就同时取消了。这么一来，赫斯也开始为自己进口的石油价格犯愁了。解决问题最简便的办法，就是向有关国家的官员行贿，争取优惠价。

为了绕开主管部门的调查，赫斯选择了一种较为直接的方法：他在给股东们的信中说："这一笔笔数额可观的款项只从我个人的基金中支付"。这笔基金是在他个人应纳税款中扣除。

也就是说，赫斯是用个人的钱在为公司业务铺路。不单如此，他还得为这笔铺路费交纳个人所得税。这样一来，赫斯就干干净净地避免了涉嫌有争议的法人行为，更准确地说，行为本身仍然存在，但已不是法人行为，赫斯也没必要再把付款的去向向股东们说清楚了。不过，只要贿赂，优惠价的原油就会流进来，公司就能挣大钱，赫斯个人的腰包就会随之鼓起来，他的个人基金也不会枯竭。而且，美国政府也可以一方面禁止行贿、一方面又分享行贿带来的利益，而股东也乐得让赫斯用他自己的钱为他们谋利益。

赫斯没有违反政府有关规定，但却以自己独特的方式使它完全不适用了。

他的这笔个人基金与德裔犹太人在寒夜中颤抖不已地推动车厢，不是有异曲同工之妙吗？

08 用信心和恒心赚钱

有信心不一定会赢，没有信心一定会输；行动并不意味着成功，没有行动一定会失败。

犹太商人认为赚钱并不是一件容易的事，而是靠智力和体力协调完成的。要学会用脑子赚钱，用信息赚钱，靠掌握人们的心理赚钱。而只要有赚钱的机会，就不会放弃，哪怕只有一美元的利润。赚钱要手脑并用。

一家公司的大门前，贴了这样一条标语："有信心不一定会赢，没有信心一定会输；行动并不意味着成功，没有行动一定会失败。"

这条标语的意思是说，敢想才敢做，想赢才会拼，敢拼才会赢。犹太商人彼得·尤伯罗斯因为创办了一家全美最优秀的旅游公司，1985年1月被《时代》杂志评为当年头号人物。

尤伯罗斯之所以能取得如此的成就，与其自信和恒心及其事业心是分不开的。第22届奥运会，由于他的努力，获利2.15亿美元，在闭幕式上，尤伯罗

第二章
金钱是上帝赐予的最好礼物

斯受到众多热情观众的欢迎。

商界巨人哈维说:"我参加过许多体育活动,但我还是第一次看到84000人站起来为一个卖给他们门票的人鼓掌。"

多年以前,纽约当时最富有的柯特·卡尔森是靠白手起家的犹太人。

经济大萧条时期,柯特·卡尔森主要推销贴水印花。大萧条过后,他建立了全球性的大型联合公司,年销售额超过10亿美元。

柯特既不需要合伙人,也不需要股东。他对自己充满信心,认为他的判断比别人都更为准确。

卡特当政期间,美国遭遇了经济大萧条时期。那时,柯特说了一番让所有美国商人感到震惊的话。他说:"无论在什么时候,社会经济状况如何,对我的公司都不会产生任何影响。无论发生什么情况,到1989年,我公司的销售额一定能从原来的10亿多美元增加到40亿美元。"

最终,柯特提前12个月兑现了自己的诺言。1987年的销售额就达到了40亿美元。20世纪90年代初,他的销售额猛增到90亿美元。

他还说:"人的一生在很大程度上都是和自己赛跑、竞争,因为他前面没有竞争对手。"

信心、目标、专心是尤伯罗斯、柯特成功的重要原因。人们只要像他们一样,就不难获得成功。商界总是在生死之中变化和循环,它只为那些有信心、有目标和专心干事业的人们提供新的机会。

为了达到目标,尤伯罗斯、柯特等优秀商人敢想敢做,他们所制定的计划由四个实际的重要内容构成:第一,在工作的过程中投入最大的精力;第二,对所有的人都给予尊重;第三,保证产品质量;第四,出色的售后服务。

犹太商人认为,自己制定的目标一定要实际,要有实现的可能性。如果一家公司所制定的目标,能够适应科技的进步和社会的发展,那么他们就能制造出成本低、技术含量高的产品,这样就可以从中获得较大的利益。

确立自己的目标；制定实现目标的计划；作出时间安排，确保计划的实现。这是犹太商人总结出的树立目标的三个步骤。

犹太商人认为，永不言弃是追求目标的前提。如果情况允许的话，亦可适时扩大成果。想要把这一点做好，必须具备冷静判断状况的能力。

20世纪70年代末，欧洲人发明了"魔方"。

当欧洲人玩"魔方"的消息传到巴西后，许多厂家认为这是一个发财的好机会——仿制"魔方"来填补东方市场的空白。于是纷纷行动，派人去欧洲考察，了解"魔方"的生产情况。

犹太商人科莱尔敏锐地发现，如果为生产"魔方"提供相关的服务，自己也会从中获利。他灵机一动，致电其兄，将生产"魔方"的技术资料从欧洲电传至巴西圣保罗，而后大量地复制这种资料，同时在圣保罗四家电视台大肆播放"魔方"的广告，而且说明科莱尔公司将为生产者提供全套技术资料。一时间，上百家塑料厂争相抢购，一度萧条的科莱尔公司，转眼间就变得强盛起来，金钱滚滚而来。

"第二次世界大战"以后，美国建筑业蓬勃发展，砖瓦工价码看涨，这对于找不到工作的人来说，是一个难得的机会。贫穷的迈克迫于生计，从明尼亚波利来到芝加哥。看到招工广告后，他没有同别人一样拥上去竞争这个岗位，而是在报纸上刊登广告，题为"让你成为瓦工的办法"，经过艰苦的努力，他终于成为一位富有的人。

可见，相信自己、依靠自己、挖掘自己、发挥自己，有信心、有恒心，你就会获得成功。

09 钱是赚来的，
　　不是攒来的

赚钱的时候，有运筹帷幄的能力，花钱的时候，要毫不吝惜。这样才能显示一个商人的胸怀和自信。

犹太人认为，金钱只有进入流通领域，才能发挥它的"生钱"作用。

世界上为什么会有穷人和富人之分？很简单，他们最大的差别就是个人的思维方式不同。穷人把自己辛苦赚来的钱都攒起来，让"活钱"变成"死钱"，理所当然，"死钱"是不会自己增值的，所以他们被称为穷人；而富人则把自己赚的钱活用，把钱继续投入到赚钱的行业，用所赚的钱去赚更多的钱，所以他们更加富有。

所以，富翁是赚钱赚出来的，而非攒出来的。这是一个再普通不过的道理。并不是说攒钱是错误的，关键的问题是一味地攒钱，花钱的时候，就会极其的吝啬，这会让你获得贫穷的思想，使你失去发财的机会。

一个人的思维和感觉决定了他将来是否可以拥有财富。富有的思维创造

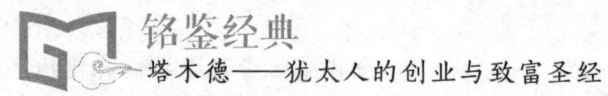

财富,表现出富人的慷慨和大度;而贫穷的思维造成真正的贫穷,体会到的是穷人的卑微和小气。

穷人整天为生存而奔忙和劳碌,他所想到的就是简单的生存,长此以往,便没有了时间去想任何其他的事情,他的头脑里就没有了对更多财富的渴望,也就失去了成为富人的条件。

犹太巨富比尔·萨尔诺夫小时候生活在纽约的贫民窟里,有六个兄弟姐妹,全家只依靠父亲做一个小职员的微薄收入,所以生活极为拮据,他们只有把钱省了又省,才可以勉强度日。到了他15岁的那年,父亲把他叫到身边,对他说:"小比尔,你已经长大了,要自己来养活自己了。"小比尔点点头,父亲继续说:"我攒了一辈子也没有给你们攒下什么,只有经商才有可能改变我们贫穷的命运。这也是我们犹太人的传统。"

比尔听了父亲的忠告,于是去从事经商的活计。3年之后,就改变了全家的贫穷状况,5年之后,他们全家搬离了那个社区,7年之后,他们在寸土寸金的纽约买下了一套房子。

犹太人世代都在经商,因为他们知道只有经商才能赚取更多的利润,才能彻底地改变自己贫穷的命运。一代代犹太人都在经商,赚取了让世人瞠目的财富。赚钱是一个智慧的思维,想要成为一个富人,不但要有智慧,更要付诸行动。只有这样,才能跻身富人的行列。

卡恩站在百货公司的前面,看着琳琅满目的商品,他身旁有一位穿着很体面的绅士站在那里抽雪茄。卡恩恭恭敬敬地对那位绅士说:

"你的雪茄很香,好像不便宜吧?"

"2美元一支。"

"好家伙……那您一天抽几支呀?"

"10支。"

"天哪!您抽多长时间了?"

第二章
金钱是上帝赐予的最好礼物

"40多年前就抽上了。"

"什么？您仔细算算，如果您不抽这些烟，都足够买下这家美丽的百货公司了！"

"噢，这家百货公司就是我的！"

犹太人说，生活要过得幸福和开心，日子一定要有滋润的感觉，所以要大把大把地花钱。犹太人喜欢在那些装饰考究、豪华的饭店吃晚餐，而且一吃就是两个小时，吃的极为丰盛。他们一边吃一边聊天，不时地哈哈大笑，那是十分惬意和放松的时刻。

对于一个商人来说，赚钱的时候，有运筹帷幄的能力，花钱的时候，要毫不吝惜。这样，才显示出了商人的胸怀和自信、气定神闲、从容不迫，这样才算是一个真正的商人。

乔治·萧伯纳在他的《巴波拉市长》中这样说道："最大的罪行和最坏的罪

行是贫困。"财富是进入社会的通行证，而穷人则是罪恶的开始，因为很多穷人为摆脱贫穷的生活状态而采用非法的手段去获取金钱，从而导致了他们走向犯罪的深渊。所以，只有靠自己的辛勤劳动而变得富有才是社会安定的基础。

金钱对于人生的重要性在莎士比亚的名剧《威尼斯商人》中体现得尤为深刻。

安东尼奥是个破产的商人，他借了商人夏洛克的高利贷，但是不幸的是他的商船在海上遭遇了暴风，货物全部沉没海底，按照他们的契约，如果安东尼奥不能按时归还贷款就要割下他身上的一磅肉作为赔偿。幸亏他的未婚妻佟西娅巧扮律师以割肉不能流血为条件才制服了夏洛克。

安东尼奥为了自己的生存和发展，在没有钱的情况下，居然连"割肉"作为赔偿这样苛刻的条件也要答应，说明人在贫困的时候，为了获得金钱，无论是什么条件，哪怕是牺牲自己的性命也在所不惜。可见，金钱的威力在这个社会是多么的强大。

不论在古代还是现代，金钱在社会的作用是绝不可以低估的。犹太人这样说"富亲戚是近亲戚，穷亲戚是远亲戚。"犹太人的历史一再地验证了这个事实。"犹太人若非自己在财政方面的效用，早就被消灭殆尽了"，这是犹太人与非犹太人之间不多的共识之一。

在屡遭驱逐甚至杀戮，一再被剥夺得两手空空之后，犹太人终于认识到了：一个人特别是犹太人要想很好地在社会上生活，要获得尊严和尊敬就必须有钱。没有钱的人注定是可怜的人，没有钱的人必定会成为社会的弃儿。

有人说：人是为了填饱肚子而必须工作。但是生活就是简单地为了吃饭吗？不是，人生是为了享受世间的快乐，填饱肚子只是最起码的要求。所以享乐才是人要拼命赚钱的原因。

一个犹太人见了另一个人就问对方："你多大了？"

"我50了。"

第二章
金钱是上帝赐予的最好礼物

"那你还可以享受10年呢。"

这个犹太人问一个老人他多大了,似乎很不礼貌。但是他的回答显示了他的人生态度:他的生命还有10年,应该好好地享受这生命中的最后10年。犹太人始终认为活着就是为了享受,人活在世界上就应该尽情地享受。

犹太人活到老赚到老,他们对死亡具有一种平和的态度,一旦知道还能活几年,就会抓紧这几年享受和赚钱。

一位住在芝加哥的犹太人已经70岁了,却要买一套很豪华的公寓,别人觉得很奇怪,问他:"你年纪这么大,估计也就只有几年的寿命了,还要这么大的房子干什么?"

这位犹太人反问道:"难道只有几年就不享受了吗?"

要享受自己的生活,这样才是有意义的人生。

犹太人不赞成过分地节俭,《塔木德》说:"当富人没有机会买东西的时候,他会自认为是个贫穷的人。"如果自己拥有了金钱,却守着它们不松动,把它们紧紧地攥在自己的手里不花,是愚蠢的,更是贫穷的。

犹太人认为即使追求神圣的精神生活也不应该让自己贫困。信仰上帝和追求享受是可以相提并论的,他们认为自己追求精神的崇高,也应该追求世俗生活的幸福,在追求精神生活的同时,也不能忽略物质上的舒适与享受。

因此,犹太人对自己的生活要求有一种很高的品位,他们喜欢豪华的居所、精美的食物和名贵的车辆,因为只有这样才配得上自己所赚取的财富和高贵的地位。

犹太人这样享受生活,并不是说他们不会节俭。在他们看来,为了赚取更多的利润,就必须节约不必要的资金。但犹太人也同样认识到赚取财富是为了更好的生活。他们在日常生活中,买自己喜欢的东西,并愿意为这样的高贵的物品付出代价。在纽约这样的大城市,经常可以在晚上看到在装饰豪华的中国餐馆和意大利餐厅,坐着颇有绅士风度的犹太人,他们和家人、朋友一边吃着精美的食品、一边亲密地交谈，那惬意的神态让人羡慕不已。他们毫不吝啬地把白天赚来的钱花出去，通常可以为了一顿精美的晚餐而一掷千金。为了享受他们是愿意花钱的。

10 以更少的付出，赚更多的钱

钱是靠智慧和才能赚来的，你不必事事亲力亲为，只要做自己必须做的事就行了。

成功的人之所以成功，是因为他们有着全面的思维，且善于思考，举个例子来说：

买了别人田地里的两棵树木，并不意味着连周围的土地也买下了，不可以对这棵树修剪，因为树干长出的树芽是归买树人所有，而根部长出的树芽却归地主所有。如果树木枯死了，树木周围的土地依旧归地主所有，买树人不可视为自己的财产。

但是如果买三棵树，情况就大不一样了：买了三棵树，就可视为连树木周围的土地一起购买过来了；树木长高了，可以进行修剪。无论是树根发出的

第二章
金钱是上帝赐予的最好礼物

树芽,还是树干发出的树芽都是买树人的财产,树木枯死了,树木周围的土地就成为买树人的财产了。

两棵树只能拥有树干的树芽而不能拥有土地,但是买三棵树就享有全部的树芽甚至土地,为什么呢?我们知道,一个点只能代表它是一个点。两个点就只能连成一条直线,而不同的三个点就形成了一个三角形的面积,在这个三角形的面积里,所有的东西都属于这三个点。因此,在看待问题的时候也应该是通过三个角度而看到事物的全部。所以,犹太人形成了这样的思维,倘若有一个人说出了一种观点,那另一个必须反对他,因为一个人的意见一定是不客观的。所以,当两个犹太人在一起的时候,就至少会有三种观点,而三个犹太人在一起的时候,就至少要有四种观点,这样,他们才觉得是比较全面的观点。

在法庭上,犹太人是这样规定的:如果所有的法官都一致判定某个人犯罪,那么这个判决是无效的,因为法官的观点一致,说明这个案子大家都只看到了一个方面,而忽略了另一个重要的方面,因而这个观点是片面的,不具有客观性;如果一部分法官认为是有罪的,而另一部分法官认为是无罪的,那么这个判决就被认为是客观的,是有效的判决,因为有不同的观点出来,证明大家是从各个角度看问题的,是比较全面、客观的评价。

作证的时候,必须是至少有三个证人出具证明才可以证明这个人是否有罪。因为这三个证人是从不同的角度来阐述这个人是否犯罪,因而他们的意见可以采信。

关心自己的事情,把时间用在你真正需要用的地方,因为衡量人工作的价值是不依靠你劳动的多少,而是你付出的实际有效的劳动成果有多少。

《塔木德》上记载了这样的一个小寓言:

一只蜜蜂和一只苍蝇同时掉进了一个瓶子,蜜蜂整日在瓶子的底部转来转去,它每日充满希望并一刻不停地咬啊、叮啊,希望自己叮破这个瓶子,就可以出去了。结果，三天之后，它死在瓶子里面。苍蝇呢，它在瓶子里转了几圈后，发现四周都很坚固，于是就飞到瓶口处，意外地发现了这个出口，便顺着这个出口出去了。

蜜蜂与苍蝇

这则小寓言告诉人们：一定要准确地找到奋斗的方向，并勤于思考。如果像老黄牛一样只知道拉车，虽然勤奋，却不知道前进的方向，最终也将是徒劳无功。

这也就是为什么许多人终身劳碌却一无所获，而有些人不甚忙碌却颇为富有，甚至是不劳而获的原因。后者看似清闲，却是把全部的精力放在了他真正应该投入的地方，有所为有所不为，前者看似终日奔忙，但是他却不知道自己真正应该做的事情是什么，不去思考、发现及总结，只是一味地埋头苦干，把大量的精力放在了一些不重要的事情上，以致错过了干重要事情的机会，而因小失大。

华尔街聚集了众多的投资者，是世界上最为精明的投资者们争夺的宝地。许多投资者每天都要紧盯着电脑看行情的报价，不放过任何一个可以看到的市场分析、评论的文章，因为他们明白假如错过任何一个有价值的信息，就

第二章
金钱是上帝赐予的最好礼物

可能失去一次绝好的发财机会。因此，他们整天都待在自己的办公室里，紧张地研究和分析各种可能的情况，甚至持续到回家之后。仅在办公室里，他们每周都至少工作80个小时以上，然而，每每事与愿违，他们的投资大多都以亏本告终。

著名的金融家摩根则不同，大多数时间是在休假，或者娱乐。他每周的工作不到30小时。人们大为不解，问他为何如此轻松却赚到了那么多的钱。他回答说："那其实是工作的一部分，只有远离市场，才能更加清晰地看透市场。那些每天都守在市场的人，最终会被市场中出现的每一个细节所左右，也就失去了自己的方向，被市场给愚弄了。"

犹太著名的企业家吉威特，经营多处餐馆，又承包了大量的工程，还创办报纸。他一个人是怎样兼顾这些的呢？原来，对于报社的经营，他完全委托给其他负责者，自己并不亲身参与，但他让责任者定期向自己汇报最近的业绩情况，如果情况不好，就让他们拿出解决的方案，他只看最后的结果就可以了。

建筑工程也是一样，他向工程的负责人指示：只要不发生错误，他从不干涉。他认为对经营者来说，这是一种应该遵循的原则：只指出做法，然后把一切托付给实际负责人，要用人不疑，疑人不用。这就是吉威特的过人之处，也是经营者应该遵循的原则。

11 不要把赚钱
   当做一种负担

要想在世界上取得成功，就必须大智若愚。

金钱被犹太人视为世俗的上帝。他们为了赚钱，绞尽脑汁，用尽千方百计。他们如此热爱金钱，但并不视钱如命，不做金钱的奴隶，也不把赚钱当作一种负担。

有一次，三个商人聚在了一起，他们分别是佛教、基督教和犹太教的忠实信徒，每个人都赞美各人信仰的宗教。

佛教商人说："我们佛教认为苦海无边，回头是岸，讲究普度众生，以求来世。"

基督教商人说："神明的主教导我们应多多祈祷与忏悔，主赐给我们力量。"

犹太商人不慌不忙地说："我承认你们信奉的宗教都很好。但是，世界上最好的宗教应该是犹太教。为什么呢？因为犹太人个个都精于赚钱，且视

第二章
金钱是上帝赐予的最好礼物

金钱为世俗的上帝。这表明犹太教是教人赚钱的宗教。如果大家都来信奉犹太教，每个人都依靠金钱来争取生存和成功，那么地球上再也不会有战争爆发，贫穷和落后也不会再让人无端烦恼了。"

有许多犹太大亨，他们拥有巨额财富，但他们感觉手里拿的不过就是一堆纸张、一堆石头而已，并不觉得这就是可以时刻给人带来祸福安危的东西。如果他们把金钱看得很重，就不敢再那样心不跳、气不喘地赚钱了，也不敢那样拼命地赚取财富了。

要想赚钱，就绝对不能给自己增加心理的负担，而是应该十分从容地、冷静地对待，对金钱不感兴趣自然赚不到钱，然而倘若把金钱看得太重也就给自己背负了沉重的包袱，会被金钱所累。

犹太人注重金钱，认为金钱是现实中万能的上帝，金钱是他们生存的保障，但是在赚取金钱的时候，他们把金钱当作是一种十分普通的东西，就和纸张、石头一样，丝毫不觉得金钱有烫手的感觉。

犹太人只把赚取金钱当作是一种十分有意思的游戏，它在刺激着每一个人的神经去高度地投入它，当这个游戏胜利的时候，也兴奋异常。但如果把赚钱看做一项沉重的工作，甚至是在拿命运做赌注的时候，心理的压力会十分的强大，以至于人们不敢去冒风险。

犹太人这样形容自己，在赚钱的时候你就仿佛进入了一个游戏的世界，作为游戏的参与者，你要不停地和对手进行较量和角逐，你要采用一切办法和手段来胜过其他的人，你要超越所有的人才能赢得最后的胜利。

著名的金融家摩根就把赚钱当作是一种新鲜刺激的游戏，他认为只有以游戏这样的心态去赚取金钱，最终才会赚到钱。

摩根赚钱甚至达到痴迷的程度，他一直有一个习惯，每当黄昏的时候，就到小报摊上买一份载有当天股市收盘的晚报回家阅读，当他的朋友都在忙着怎样娱乐的时候，他则说："有些人热衷于研究棒球或者足球，我却喜欢研究怎么赚钱。"

在谈到投资的时候,他总是形容说:"玩扑克的时候,你应当认真观察每一位玩家,你会看出一位冤大头,如果看不出,那这个冤大头就是你。"他从来不乱花钱,他总是琢磨怎么赚钱的办法。有的同事开玩笑说:"摩根,你已经是百万富翁了,感觉滋味如何?"摩根的回答耐人寻味:"凡是我想要的东西可以用钱买到的时候,我都能买到,至于其他人所梦想的东西,比如名车、名画、豪宅我都不为所动,因为我不想得到。"

由此可见,他并不是一个以钱为重的人,他甚至不需要用金钱来装饰他的生活,他喜欢的仅仅是游戏的感觉,那种一次次投入资金,又一次次地通过自己的智慧把钱赚回来的感觉,虽然充满了风险和艰辛,但是也颇为刺激,他喜欢的就是刺激。摩根说:"金钱对于我来说并不重要,而赚钱的过程,即不断地接受挑战才是乐趣,不是要钱,而是赚钱,看着钱滚钱才是有意义的。"

第二章
金钱是上帝赐予的最好礼物

12 赚钱是
商人的天职

　　商人没有钱就如军人手中没有武器一样,有了钱,企业才可以正常运转,赚钱是商人的天职,这本身没有错。

　　在生意场上,一切都是商品,而商品只有一个属性,那就是增值,生钱,除了犯法的事不能干,违背合同的事不能干,其他的一切都应该服从赚钱这个目标,也就是说,赚钱是商人的天职。

　　犹太人嗜钱如命,为了赚钱,他们绞尽脑汁,用尽千方百计。

　　有一个这样的故事:

　　加利曾为一个贫穷的犹太教区写信给伦贝格市一位有钱的煤商,希望他能赠送几车皮煤来。

　　商人回信说:"我们不会给你们白送东西。不过我们可以半价卖给你们50车皮煤。"

　　该教区表示同意先要25车皮煤。交货3个月后,他们既没付钱也不再买了。

不久,煤商寄出一封措词强硬的催款书,没几天,他收到了加利的回信:

"……您的催款书我们无法理解。您答应卖给我们50车皮煤减掉一半,25车皮煤正好等于您减去的价钱。这25车皮煤我们要了,那25车皮煤我们不要了。"

煤商愤怒不已,但又无可奈何。他在高呼上当的同时,却又不得不佩服加利的聪明。

这就是犹太人的赚钱高招。

犹太人在进行商业操作时,对于所借助的东西,也从来没有什么顾忌,只要是有利于赚钱,且不违反法律,就怎么好用怎么用,完全不必考虑过程。这就是犹太人经商智慧的高超之处。

13 让钱生出
  更多的钱

巨额财产存放在银行，相传三代，钱就会缩水。想借助银行存款求得利息，是不太可能获得更大回报的。

前面提到过，犹太人不信任银行存款，只看中现金。

但犹太人支配世界的经济金融生活，主要是通过银行系统来实现。产业革命时期，犹太人致富，也是凭其资本，在英、法、意乃至于全欧普设银行，利用"78／22"法则赚取借贷的利润差，获得大量财富。他们经营银行，而自己并不把财产存入银行。

众所周知，把钱存入银行，是可以生息的，实现增值，而现金在手却只能是原有的价值，而不增加。这样看来，银行存款比手持现款更有吸引力，那为什么犹太人却宁可守住一大堆现款，而不愿把它放在银行，让它"繁殖"呢？

究其原因，是犹太人太精明了。他们早已算完这笔账，银行存款，的确可以获得一大笔利息，但是物价在存款生息期间不断上涨，货币价值随之下降，尤其是存款人死亡时，必须向国家缴纳继承税。所以，巨额财产存放在银行，相传三代，将会变零，这就是税法上的原则。

现金确实不增值，但物价上涨对其影响不大，而且最关键的是手持现款，避免了在银行的存款登记，在财产继承时，不需要向国家缴纳遗产继承税。

现金和银行存款相比之下，当然是现金可靠，既不获利也不亏损。因为对犹太人来说，"不减少"正是"不亏损"的最起码的做法。想借助银行存款求得利息，是不太可能获得利润的。

今天的犹太人在世界金融经济方面，拥有无比的实力，这是长久以来他们本着商人的身份生活下来的结果。犹太民族是个灾难的民族，他们的处境艰辛而又危难，但他们摆脱这种危难处境，走进世界金融的王国，最后甚至登上了国王的宝座。凭借的是犹太人经商的又一绝招："高利贷"。

"高利贷"是一种经营简单，绝对赚钱的职业，一般具有很高的利润。那么犹太人是怎样从一个居无定所的流浪汉摇身一变成为腰缠万贯的高利贷者的呢？这还是归功于犹太人创痕累累的历史。犹太人在特定的历史环境下必须要寻找另外一个平衡的支点，那就是用金钱来抵御这种歧视。为了获取更多的金钱，犹太人的眼光瞄准了"高利贷"。

欧洲人认为自己的宗教高贵，以基督教的道德观来说，借钱收息是不被允许的。他们认为高利贷是一种肮脏的事业，把它拒之门外。但他们这种不当高利贷者的骄傲并不能杜绝他们借钱的需要。在这种撞车后的时代间隙，犹太人便开始粉墨登场。

而对于犹太人来说，金钱没有"肮脏"和"洁净"之分，只要是金钱，不管你是从妓院里、公司、餐厅挣的，还是做苦力赚的，只要一到你手中就变成了你的利润，其价值并无大小之分。欧洲人认为高利贷是一种肮脏的职业，但在犹太人看来，通过高利贷赚取的钱，和通过其他方式赚取的钱是一样的，

第二章
金钱是上帝赐予的最好礼物

可以和以其他方式赚取的钱一样买取自己需要的物品。

当然，高利贷成为犹太人职业另一方面的原因，就是高利贷是既符合实际，利润又高的商业交易。受社会歧视，难以谋取职业的犹太人利用"高利贷"赚了钱，用它来支配周围清高自傲却又必须借款的人们，既获得了利润，也找到了心理平衡。下面的一个例子就是一个美国籍的犹太士兵利用高利贷，在军队获取暴利，支配军人的事实。

这个犹太士兵叫威金逊，是朝鲜战争时期美国联军的中士，军阶并不高。

由于他是犹太人，经常遭到周围美国兵的歧视。但是他对此似乎并不在意，他对同事们发放高利贷，每当发饷日，毫不客气地把借出去的钱收回来，如无现款，即以配给物资抵押，然后将这些物资同价转卖，获得大叠大叠的钞票。这时，平日那些对威金逊不屑一顾，甚至随意侮辱他的高利贷职业的美国兵们，不得不对他的钞票低下了头。

当时，美国军士一日的补贴约为10美元，可是威金逊却有价值70万美元的高级轿车两辆，还有连军官也未必有的漂亮小姐陪伴他，住在大田区大森附近。每当假日，带着爱人乘车兜风，去欣赏名胜。他虽然只是中士，但所过的

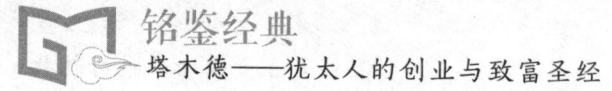

生活,却是高层领导的豪华生活。

不过,犹太人要是光靠个人的借贷关系,其影响也极有限。因此,聪明的犹太人绝不会受个人借贷关系的束缚,而去蒙受不必要的损失。随着时代发展,产业革命的成功让工业家们为资本捉襟见肘。而这时已拥有巨大财富的犹太人抓住了这个能大展神通的机会,投资金融,取得了在金融领域大力发展的良机。

犹太人凭借自己所拥有的资本,在英、法、德,乃至全欧洲广设银行,贷款给工业资本家及其他商人,从而在经济界占据了不可缺少的重要地位。犹太人就是这样以高利贷为起点,以金钱为资本,把自己的利益链延伸到世界各地,在金融界出尽风头。他们的智慧和经商的头脑,还有那段磨炼人生的历史给他们带来了巨大的财富。

14 借钱发展事业

借助别人的资金为自己办事,让你的成功提前到来。

"如果你能给我指出一位百万富翁,我就可以给你指出一位大贷款者。"威廉·立格逊在他的《我如何利用业余时间,把一千美元变成三百万美

第二章
金钱是上帝赐予的最好礼物

元》一书中这么说。

一切都是可以靠借的，借资金、借技术、借人才。这些能为自己所用的东西都可以借来。这个世界已经准备好了一切你所需要的资源，你所要做的仅仅是把他们搜集起来，并用智慧把他们有机地组合起来。

这就是犹太人的思维方式：生意人应该尽力地贷款，借助银行的资金为自己办事，如果你不能借用别人的资金，那么做生意是极为困难的。

看看犹太富翁们起家的历史就会发现，他们可以在短短的二三十年就成为远近闻名的富豪，他们的发财速度之快让人咋舌。

著名的希尔顿从被迫离开家庭到成为身价5.7亿美元的富翁只用了17年的时间，他发财的秘诀就是借用资源经营。他借到资源后不断地让资源变成新的资源，最后成为全部资源的主人——一名亿万富翁。

希尔顿年轻的时候特别想发财，但苦于没有机会。一天，他正在街上转悠，突然发现整个繁华的达拉斯商业区居然只有一家旅店。他就想：如果我在这里建设一座高档次的旅馆，生意准会兴隆。于是，他认真研究了一番，觉得位于达拉斯商业区大街拐角地段的一块土地最适合做旅店用地。他查清这块土地的所有者是一个叫老德米克的房地产商人之后，就去找他。老德米克也开了个价，如果想买这块地皮就要希尔顿拿出30万美元。希尔顿不置可否，却请来了建筑设计师和房地产评估师给他的"旅馆"进行测算。其实，这不过是希尔顿假想的一个旅馆，建筑师告诉他，设想中心旅馆造价在100万美元。

希尔顿只有5000美元，但找到了一个朋友，请他一起出资，两人凑了10万美元，开始建设这个旅馆。当然这点钱还不够购买地皮的，离他设想的那个旅馆还相差很远。

希尔顿再次找到老德米克签订了买卖土地的协议。

然而就在老德米克等着希尔顿如期付款的时候，希尔顿却说："我买你的土地，是想建造一座大型旅馆，而我的钱只够建造一般的旅馆，所以我现在不想买你的地,只想租借你的地。"老德米克有点发火,不愿意和希尔顿合作了。希尔顿非常认真地说:"如果我租借你的土地的话,我的租期为90年,分期付款,每年的租金为3万美元,你可以保留土地所有权,如果我不能按期付款,那么你收回你的土地和在这块土地上我建造的旅馆。"老德米克一听,转怒为喜,"世界上还有这样的好事,30万美元的土地出让费没有了,却换来270万美元的未来收益和自己土地的所有权,还有可能包括土地上的旅馆。"于是,这笔交易就谈成了。希尔顿只用了3万美元就拿到了应该用30万美元才能拿到的土地使用权。这样他省下了27万美元,但是这与建造旅店需要的100万美元相比,差距还是很大。

而后,希尔顿又找到老德米克,"我想以土地作为抵押去贷款,希望你能同意。"老德米克非常生气,可是又没有办法。

就这样,希尔顿从银行顺利地获得了30万美元,加上他剩下的7万美元,他就有了37万美元。但这笔资金离100万美元还是相差得很远,他又找到一个土地开发商,请求他一起开发这个旅馆,这个开发商给他了20万美元,这样希尔顿的资金就达到了57万美元。

1924年5月,希尔顿旅馆开工了。但是当旅馆建设了一半的时候,他的57万美元已经全部用光了,希尔顿又陷入了困境。这时,他还是来找老德米克,如实介绍了资金上的困难,希望老德米克能出资,把建了一半的旅馆完成。他说:"如果旅馆一完工,你就可以拥有这个旅馆,不过你应该租赁给我经营,我每年付给您的租金最低不少于10万美元。"此时,老德米克已经被套牢了,如果他不答应,不但希尔顿的钱收不回来,自己的钱也一分回不来了,他只好同意。而且最重要的是自己并不吃亏——建希尔顿旅馆,不但旅馆是自己的,连土地也是自己的,每年还可以拿到丰厚的租金收入,于是他同意出资继续完成剩下的工程。

第二章
金钱是上帝赐予的最好礼物

1925年8月4日,以希尔顿名字命名的"希尔顿旅馆"建成开业,希尔顿的人生开始步入辉煌时期。

希尔顿就是用借的办法,用5000美元在两年时间内完成了他的庞大计划。不能不说他是善于利用别人的高手。其实这样的办法说穿了也十分的简单:找一个有实力的利益追求者,想尽一切办法把他与自己的利益捆绑在一起,使之成为一个不可分割的共同体,帮助实现自己的目标。

15 想进入上层社会就必须赚钱

人类百分之七十的烦恼都跟金钱有关,而人们在处理金钱时,却往往意外的盲目。

19世纪末20世纪初,犹太人踏上北美大陆时,大多穷困潦倒,一贫如洗。刚刚到达美国的犹太人的第一形象就是穷。

贫穷的犹太人唯一的办法是成为流动的街头小商小贩。赫赫有名的大家族,如戈德曼、莱曼、洛布、萨斯和库恩家族等,都是从沿街叫卖的小本经营发迹起来的。这种发家致富的途径和方式,对犹太人而言简直是轻车熟路。

几代人的工夫,美国犹太人的形象大变。在美国这个富裕的社会中,犹太人是富中之富。从职业公布上看,美国犹太人除商业、金融业外,也大多从事"白领"职业,如律师、医生。

20世纪70年代初,有调查表明,犹太家庭平均收入为12630美元,而同期的美国家庭平均值为9867美元,要比美国人的收入高28%以上。如果同其他民

第二章
金钱是上帝赐予的最好礼物

族群体作一比较的话,差异更是惊人的:波多黎各人为4969美元,黑人为5074美元,墨西哥人为5488美元,爱尔兰人为8127美元,意大利人为8808美元。这5个民族群体的家庭平均收入为6493美元。换言之,他们一年赚的钱,差不多只及犹太人的一半!

同其他民族和宗教群体相比,天主教徒家庭为11374美元,圣公会为11032美元,长老会为11097美元,卫理公会为10103美元,路德教为9702美元,浸礼会为8693美元。犹太人的收入比其他教派教徒平均的收入要多出3000美元。

美国犹太人因其可观的收入,已稳步步入上层阶级。在1972年5300万个美国家庭中,有1300万个家庭属于上层阶级,而其中含有200万个犹太家庭。犹太人只占美国人口的2.7%,但在美国中上层阶级中,犹太人所占比例已高达7%。

从职业分布上看,犹太人大多从事着较"体面"的职业。

据估计,在美国的50万个律师中有1/5以上是犹太人。人们常说:"去请一个犹太律师,他会帮你摆脱困境的。"犹太律师相对于非犹太律师具有不可匹敌的威力和能力。

犹太人的经济能量非同一般。在犹太人的历史上,不管环境多么恶劣,道路多么艰难,犹太人总能成功地步入上层阶级,这似乎已成为犹太人的民族习惯。其中,他们巧妙的做法是,从小投资发展,跃入上层。

这就是他们从经济入手获取社会地位的生存技巧和智慧。

金钱,犹太人世俗的上帝。上帝对犹太人的生活有极其重要的作用,如果说上帝不存在,犹太人首先就会对他们自身的存在目的产生疑问。其实,上帝存在与否并不重要,因为信仰造就了人们心目中的上帝,信仰使上帝成为实在。

犹太人信仰上帝而不盲信。比如,当拉比们热烈地要求信仰上帝并赞美上帝时,照样有人敢当面抗议说:上帝没为犹太人干过什么,他不应获此殊荣。

犹太民族是个幽默而机智的民族,他们调侃上帝,但是从不调侃金钱。

有一次,劳布找格林借钱。

"格林,我眼下手头拮据,能借我一万先令吗?"

"亲爱的劳布,可以借。"

"那你要百分之几的利息?"

"9。"

"9?"劳布叫起来,"你发疯了,你怎么向一个教友要9%的利息,上帝从天上看下来时,他对你会有什么想法?"

"上帝从天上看下来时,9像个6。"

犹太人用很随意的口气,像谈论邻人一样谈论上帝。

但他们对金钱却永远是极其认真的。

因为金钱对犹太人而言，是比天国的精神上帝更为实在的世俗上帝。对注重现实生活的犹太人而言，对必须靠钱生活的犹太人而言，是金钱使他们的肉体得以生存，也只有在世俗上帝保证肉体生存之后，他们才能膜拜精神上帝，追求高贵的精神生活。

因此，对犹太人而言，钱居于生死之间，处于生活的中心地位。他们隐藏着内心的苦楚和悲凉，精心侍奉他们的世俗上帝。

16 即使是一美元也要赚

有钱人之所以能成为有钱人，也许是因为他们在有钱的时候不挥霍，一点一点积攒，慢慢发展起来的。

犹太人认为，只要有赚钱的机会，就不能放弃，即使是一美元也要赚。这是一种心态，与挣多挣少没有关系。这种挣钱观念表明：犹太人对于"避实就虚，化整为零，积少成多"的战略了解透彻，而且应用自如。

年轻富翁戈德曼控制着世界金融市场，他小时候吃过很多苦，10岁时就自己赚钱。在暑假期间，每天清晨4点就起床，把《晨报》和烤面包片分送到各家。这样，每个星期下来都能挣上几十美元。他不会放弃每一个挣钱的机会，哪怕只挣一美分。这为他长大后积累财富打下了坚实的基础。

有些人一开始就摆出一副要赚大钱的架势，小钱不去赚，结果常常大钱更赚不来。

其实，多数大富翁、大企业家，都是从挣小钱起家的。从小钱赚起，可以培养你的自信。因为挣小钱容易，每当挣到一笔钱后，你就会对自己的能力进一步有所了解，就会相信自己也有把事情做大的能力。

挣小钱不需要太大的本钱，不用承担太大的风险。

挣小钱可以培养自己踏踏实实做事的态度。

挣小钱为挣大钱积累经验。

有时候，小钱也不是好挣的，也需要付出艰苦的努力。

第二章
金钱是上帝赐予的最好礼物

比达·吉威特是美国建筑业巨子，被称为"土木建筑大王"，他在20世纪60年代时，资产就已达两亿美元。但他的经营方法仍然是"哪怕是一美元也要赚"。吉威特公司的经营内容鲜为人知，因为吉威特往往这么回答访问者的问题："即使公司非常著名，它所承建的工程不见得就能相对地增加。有关本公司的经营内容，无可奉告。"

这位65岁的"土木建筑大王"，不仅称霸于建筑业界，同时在煤矿、畜牧、保险、出版、电视公司甚至新闻界，都有非常好的业绩，这是各界人士共知并予以承认的。

吉威特身为一个大企业家，其成功的关键就在于他独特的经营哲学，也就是他常说的："绝不放弃每一个赚钱的机会，哪怕是一美元。"然而，仅以此为例，还不足以说明吉威特的一切，我们还要从各方面来认识他这个人。

吉威特是一位完全靠自己的力量成功的代表。譬如，他经营金融公司主要目的是要使自己所有的子公司的业务往来及资金周转由自己的公司来经办，不肯把这笔钱让给其他金融公司去赚。这样经营的结果，一方面可以保证自己不受制于他人，保持金融上的自主性；另一方面又可以借助这个金融公司，占据金融行业一席之地，的确一举两得，处处得利。

再以创办保险公司为例，凡是在吉威特手下工作的员工，其寿命保险、健康保险以及各子公司的业务保险等，都归自己的保险公司承办。这样一来，不仅没有把好处让给别人，对外营业方面也可以大赚一把，的的确确是合算之举。吉威特建筑公司所使用的土木机械，同样是向属下的利斯公司租赁，并支付使用费及租金。总之，依据吉威特的经营哲学，不可放弃每一个赚钱的机会，任何钱都要自己赚，公司在他的领导下，业务蒸蒸日上。

一般说来，承建一项工程，合同额的利润率平均是20%，但吉威特却有办法确保30%的利润，而且，吉威特对于工程费的投标，总是低于其他公司。

譬如，他所承建的美国原子能委员会俄亥俄州浓缩燃料工厂的建设工程，合同额是7.98亿美元。但吉威特却使工程费用比合同金额低2.6亿美元，并且还提前半年竣工。

在"即使是一美元也要赚"的经营哲学下，吉威特仍然没有忘掉顾客的利益，他总是以顾客为重。这种情况并不影响赚钱，而且是越赚越多。

不要老想着一步登天，要实实在在从小钱挣起，一点一点地积累，在挣钱的过程中体验人生的滋味，才有创造的快乐，才有成功的感觉。

千里之行，始于足下，从自己的实际出发，能开多大的花就开多大的花，能挣多少钱就挣多少钱，踏踏实实，光明磊落，才能实现自身的价值。

第三章
信守契约和法律的生命线

　　犹太民族素来就有"契约的民族"的美誉。犹太人极为重视立约与守约，并使之高度神圣化，他们认为契约是和上帝签订的，是无比神圣的。所以，只要和他们签订了契约，你就不会有后顾之忧。因此，富有立约守约智慧的犹太民族在当今世界中繁荣昌盛，也是一件理所当然的事了。

01 世界奠基
　 在约定上

任何事情,只要非常理性地思考,只要在规则的范围内,最终会找到合适的办法来达到目标。

每个民族都有开天辟地的故事,以满足人类对世界必须有个开头这一心理需要。承担这一任务的神祇或英雄,大都是全知全能、威力无比的。但无论他们作出了多么了不起的业绩,放在犹太人的上帝面前,似乎都无足轻重,因为耶和华上帝的创世之作是"君子动口不动手",纯粹语言的力量。

据《圣经·创世记》中记载,上帝是这样开天辟地的:

起初神创造天地。地是空虚混沌,渊面黑暗,神的灵运行在水面上。神说:"要有光。"就有了光。神看光是好的,就把光暗分开了……这是头一日。

神说:"诸水之间要有空气,将水分为上下。"神就造出空气,将空气以下的水、空气以上的水分开了……这是第二日。

第三章
信守契约和法律的生命线

神说:"天下的水要聚在一处,使旱地露出来;地要发生青草和结种子的菜蔬,并结果子的树木,各从其类,果子都包着核。"事就这样成了……这是第三日。

神说:"天上要有光体,可以分昼夜,作记号,定节令、日子、年岁,并要发光在天空,普照在地上。"事就这样成了。于是神造了两个大光:大的管昼,小的管夜,又造众星……这是第四日。

其实,无论神祇还是英雄,他们开天辟地澄清的并不是外部宇宙的混沌,而是初民内心的混沌:初民们无法想象、无法理解世界本来就是有序的。在他们心里,世界必有一个从无序到有序的转折,所谓"开天辟地"就是这一转折的实现之时。这在所有民族中几乎无一例外。

奇怪的是,犹太民族完全不同于其他民族,别出心裁地把这一转变归之于语言的力量:上帝之道即为世界之源,上帝之道即为秩序之源。对语言的这样一种近似于崇拜的情感与认识,常被誉为对语言在人类生活中的巨大作用的超越时代的洞察。

实质上,几乎一切民族对语言都持有这种近乎崇拜的态度。所谓巫术,尤其是咒语更是最为典型的例子。区别只在于许多民族长期停留在不着边际的念念有词阶段,而犹太民族在不忘祈祷的同时,更注意让语言成为世界秩序的基础,这就是赋予人们相互之间的约定——律法的微观形式——以至高无上的地位。

上帝借"遭"(语言)使世界脱离了混沌,出现了结构和运行规律,而所谓规律就是一定现象的某种可预见的重复出现。所以,上帝之道的最大效果就是使原本不可预见的混沌无序转化为井然有序。这是人类生活的必备前提。

这种借语言确立秩序、获得行为结果可预见性的过程和实例,在早期犹太人的生活中就体现得淋漓尽致。

古希伯来民族本身是由许多游牧部落拼凑而成的混杂部族,他们最初属于诸王雇佣和组织的作战人员或者流寇,而不是某一地方的定居者。所以,他们一般处于依附地位,同"地的主人"一般有一种主仆关系。据考古发现,在早期的私人信件中就载着habiru(希伯来人属于其中的一部分)与主人立约自愿为仆,主人在世期间这契约始终有效的事例。

在希伯来人定居迦南之前,迦南已经是往来辐辏之地,是各类商品的大集散地,商人和商队川流不息地从这里经过。在约瑟时代,即希伯来人去埃及之前,活动于沙漠与迦南之间的希伯来部落已进入了国际贸易的行列,参加从基列贩运香料、乳香的商队。在这段时间里,商业"合同"这种形式的"约",同样在希伯来人的观念上刻下了深深的烙印。

从定居迦南之后一直到亡国,希伯来人又始终处于同异族不断冲突不断结盟的动态过程之中。这种重要性甚于商业合约而稳定性取决于商业合约的政治盟约,又一再加深了希伯来人对"约"的情感(积极的和消极的皆有之)和认识。

不管这形形色色的"约"在性质、内容或形式上有何不同,只要是"约",就可以在相当程度上将杂乱无序,变化莫测的世界(无论是个体交

第三章
信守契约和法律的生命线

往的世界,还是民族交往的世界)给以有序化,使人们可以根据所订立的约而有计划地行动,也就是在预见到自己行为结果(包括其直接结果和它所引发的其他人或其他民族的行为)的基础上,作出行为。而所有这些计划性或可预见性的前提,恰恰就是那个以语言并且是文字形式签订的"约"。换言之,世界的秩序、行为结果的可预见性是因为语言表述清楚并且书写成文之后才得以实现的。

"约"对世界的性质、人的活动的性质具有如此重大的"决定"作用,这在希伯来人的头脑中,一方面反映为"上帝之道即为世界之源",另一方面则表现为犹太人与上帝的关系不是一种支配与被支配的关系,而是一种"约"的关系。这种"约"很像早期habiru与其主人的"约":habiru履行一定的义务,主人则给予一定的保护与酬报。犹太人遵守上帝的律法,上帝则保护犹太人并允许他们在各民族中为大。

然而,任何一项约定最后能否得到履行,可预见的行为最后能否实现,并不单纯取决于缔约的某一方的愿望。毁约所带来的损失和灾难性结果,始终像一个巨大的阴影笼罩在这些早期的立约者,尤其是那些常常居于被动地位的希伯来人头上,恰如今日许多开办大型公司的人对信誓旦旦的合同也心存疑虑,随时准备接受被骗上当的现实一样。

"约"的力量在希伯来人身上引发出一种企盼与恐惧并存的心理,在一定的条件下,它就转化为类似图腾那样的神圣之物。极而言之,与其说上帝是与犹太人立约的神,不如说犹太人的神就是"约定"本身的不具形态的人格化。之所以会是一种"不具形态的人格化",就在于把一张"合同书"视为图腾的民族毕竟是没有的。不过,要是承认圣殿和约柜也是一种"图腾"性质的东西的话,那么珍藏于其中的上帝授予摩西的那张"合同书",即两块法版就真成了犹太人的图腾了。

这种对"约"的崇拜在犹太人亡国流散之后,反而更加强了,因为历史

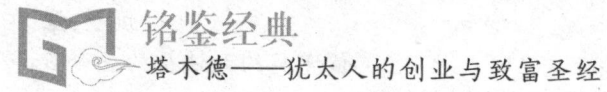

遭际和新的社会环境，对"约"提出了更高的要求。

一方面，丧失了王权和神权这两种最结构化的组织体制后，犹太人只能靠某种对双方都留有相当自由度的立约形式来维系民族的凝聚力和向心力，何况耶和华上帝本身又是一个"约定"的上帝，而不是动不动就把异端送上火刑柱的天主。犹太人的上帝最多只会借异族之手来惩罚亚当、夏娃之流的违约者。但一个犹太人一旦被共同体驱逐，就有可能孤立无援地遭受"上帝的鞭子"的迫害，从而有性命之虞。这就使得形式上不具有强制性的犹太人与上帝之约，亦即犹太人个体与民族共同体之约——信守犹太律法，包括其中有关"约"的神圣性的规定——具有实质上的强制性。

犹太人极少毁约，甚至在同有毁约习惯的民族的人做生意时，也很少毁约，这表明他们的守约本是上帝嘱咐于他们，与其他人并没有关系。反过来，对方即使竭尽了全力才得以履约，也得不到他们的特别称赞，因为履约本身始终是一件理所当然之事。既然犹太人一直履约，对方的履约又有什么特别之处呢？至于所付出的特别努力，那属于签约之前就应该考虑到的问题。

另一方面，亡国之后的犹太人又散居在世界各地，相对于所在国的主民族来说，他们始终是一个少数民族。而且，这个少数民族以其特别的文化特征争取到的经济成就，往往成为一种文化异端（包括狭义的宗教异端）和经济异端。

敏感地意识到了自己这种双重异端身份的犹太人，愿意尽自己一切力量避免同主民族发生抵牾或者冲突。所以，他们希望主民族也给他们一个有规矩可循的生活范围。习惯于遵守自己律法的犹太人，能够同样严格地遵守主民族，甚至征服者民族的法律，只要这种法律不同犹太民族的"根本大法"相抵触就行，以免被别有用心者借以挑起反犹主义的骚动。

骚动绝不是犹太人所希望的。因为无论何种骚动，无论骚动的起因为何，首先吃亏且吃亏最大的必定是犹太人。

因此，犹太人愿意遵守所在国的法律，常常甚于其本国人。在经济活动中，更是以守法著称。

想当年，连毫无道理的"犹太人人头税"或"犹太人赎身税"，犹太人都交了，何况其他生意中应交的税款，他们有足够的聪明才智堂堂正正地赚钱，不必靠偷税漏税发财，犹太人有较具体法律条文、层次更高的宗教及道德价值观念，不屑于借偷税漏税发财。

恰恰就是这样一种由文化起源和历史遭际培育的守法守约的价值观念、心理素质和行为习惯，使得犹太人在今日的法制世界中，又一次占据了先手。当许多民族只知放任个体智慧，尤其是受到利益诱惑的个体智慧无法无天而理不出一个正常的、规范的市场来的时候，犹太人正在法制化的世界经济市场上如鱼得水，大发其财。

02 保护弱者的契约精神

不能让贫穷的人更贫穷，不能让被虐待的人再出丑，损害他人生命的人就是在损害自己。

犹太人特有的思想就是他们的契约思想。人和上帝之间有契约，人和人之间也有契约。即使在结婚的情况下，新郎也要给新娘一份《结婚契约书》。"保护弱者"主要体现在《塔木德经》对雇佣条件的解释上。

雇人之后，如果想让他早出晚归地干活，就要看当地有没有早出晚归的习俗。如果没有，那这种行为就会被当作强迫雇工从事过度的劳动而被禁止。如果当地有管饭的习惯，那就必须在工钱之外再给雇工提供饭食，而且不能提供粗糙的食物，饭食要和普通人的一样好。

在果园里劳动的雇工，是允许在现场采摘一些水果食用的。在这一点上，赫斯麦拉比提出了异议：采摘的水果的价值不能比工钱多。但是其他拉比们都不同意他的意见，说："可以吃，但绝不能被贪欲所俘虏。"并以此来劝告雇工们自律。

关于佣工条件，如果被雇佣者是成人，即使是自己的儿子、女儿，或是

家仆的儿子、女儿，主人都必须明确地告之：如果只在白天劳作的雇工，到傍晚还没有领到工钱，就可以在晚上向雇者要求付钱。如果是做晚工的话（如果工作已经结束），就可以在第二天早上要求付钱。同理，按周、按月和按年雇佣的情况是一样的。

犹太教法要求"不要将应付的报酬留到第二天早上"。这不仅仅是对人，对家畜和农具的借还同样适用。如果收到支付报酬的请求，必须立即执行。只是，在没有付款请求的情况下，延期支付是被允许的。

都说犹太人小气，其实，他们的"小气"反过来也是安全的经营之道。如果在犹太人的企业里就职，你就不要期望得到特别丰厚的待遇。不过，首先你会得到保障普通人生活水平的待遇，不会被拖欠工资。你如果想大把大把地赚钱，只能靠拥有自己的事业，自己当自己的老板。有汗水就有回报，这是犹太人三千年以来的信念："民以食为天，我们能用全部的辛劳换来幸福，这也是上帝的恩赐。"

03 在契约里面写清所有的条件

把不掺杂感情的处理方法作为合同的条件写进合同，也可以说

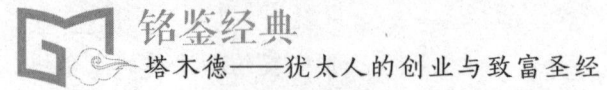

一直是竭尽全力的解决方法。

犹太人订立契约的习惯可以上溯到距今四千多年以前，他们的祖先居住在美索不达米亚的时候。每当做交易时犹太人都要把契约文书用刀子刻在黏土版上保存起来，也就是所谓的象形文字。近些年，通过对古代美索不达米亚的亚述等地的考古发掘，发现了大量这样的文书。由此明晰了犹太人和阿拉伯人祖先的法律思想。

犹太人认为，这是他们在和上帝耶和华订立契约，所以丝毫不敢怠慢。契约涉及了犹太人生活的各个方面。其代表性的例子是，在结婚的时候，新郎首先要向新娘提交结婚合同书。通常合同上要写明结婚金额、双方的抚养义务，万一离婚时丈夫给妻子的补偿费以及妻子守寡时所应得到的遗产。合同上还要有新郎和证人的签名，这样才能够生效。

新郎向新娘提交的结婚合同书象征了犹太人的契约观。也就是说，这个契约使当事者双方站在平等的立场上。如果更进一步地探求其中的含义，就会得出下面的结论。即作为社会中强者的男性，如果不向身为弱者的女性提交结婚合同书，强者就无所谓强者，它的现实价值是强者有必要扶助弱者。

这与上帝开口向犹太人提出订立契约的故事是相同的。尽管上帝无所不能，但如果没有人类的协助，他想要真正地经营好宇宙也是困难的。换句话说，通过订立契约，上帝向人们表明了自身的弱点和谦逊的态度。

有了这种契约思想作为背景，再来考察犹太人所订立的契约，就能发现他们是以自己是弱者为前提，预先设想出所有可能发生的情况，而后在契约书上加进作为弱者所能要求的权利。

04 签订最稳妥的协议

一旦建立起条理性原则，就能把双方的矛盾冲突放在框架中，各种问题可以更好地解决。

犹太人认为，谈判不仅是双方坐在谈判桌前面对面地交换意见或讨价还价，它更是一幕精心策划的戏剧，需要积极的准备和非凡的艺术，是彼此间勇气的较量，通过调整和妥协才能达成一致，并且，谈判与人息息相关。

第一，如果一个商人对谈生意协议、谅解备忘录和程序三者之间的差异并无了解，那么你将陷于被动。

这三个概念应该清清楚楚。从实用的观点看来，我们应当把程序作为做某些事情的方法；谅解应当表示双方对某一问题的观点和态度；协议则成为对双方接受对方条件的最终承诺。因为仅仅达成一项协议是远远不够的，甚至当双方都有最好的意向时，协议也会因某些原因而终止。因为负责执行协议的人对当时协议签订时双方的共同观点、态度和背景一无所知。再就是因为任何一方都不知道如何使协议运转起来，或者不懂得怎样证明是否在运转。

假设甲是一个美化环境的承包商，乙是一幢房子和那块土地的拥有者。双方商定由甲来做美化的具体工作，而乙为此付给甲10000元。在签订协议之前，双方就所预计的工作量、选用植物种类和要使用的砖达成一项协议。双方还商定对以后发生的更改都要付费。一份好的协议不应该仅仅开列出工作量的价钱，它还应包括对书面文字含意的注释，以及当工作量出现增减时计费的程序。糟糕的合同会让人因质量标准是否满足了口头协议，费用是否按公平方式核计等问题发生争执。

第二，关于协议备忘录的警告。要记起谈生意中的所有事件是不可能的，因为要详细记住的东西太多了。谈生意人员应该随时记笔记，在对问题进行讨论并达成一致意见时要记录在案。最重要的记录就是协议备忘录，它是对所达成协议的重要条件的书面记载，由双方签字并成为正式合同的基础。只有在所有本质性问题全部解决在备忘录成文和签字之后，会议才告结束。自己写备忘录要比让另一方写好，谁写对谁有利。

在提交备忘录之前，谈生意人应让乙方的其他成员过目，这样做肯定还会提出一些遗漏及委托等方面的错误。也应该给对方机会来尽可能仔细地审查协议，并修改认为是错误的地方。最后应该加上一条"协议需与法律相符"的条款。犹太格言："与其迷一次路，不如问十次路。"其意也正说明人在行动前要把目标和方向了解清楚，不要贸然行动。

第三，"分块缔约"战术。当双方很难就所有问题达成一致意见时，可

第三章
信守契约和法律的生命线

以采用"分块缔约"方案。双方可就低风险事情先达成协议,而把困难的问题留待以后慢慢商量。

"分块缔约"给人以时间来摸清对方的意图,而不致造成太多的伤害。

建立信任需要时间,互相不熟悉的买卖双方在对承担义务方面都是心存疑虑的。这种情况下,他们可以把问题分解成若干部分。然后让协议的内容只限于这些较小的事情上。例如,买主在遇到新卖主时经常使用"分块缔约"协议,买主给他们一些较小的订单而不是给一个大订单。如果一切进展顺利,买主再扩大订货。当卖主在为一新客户提供信贷时也是这样做,如果一段时间以后新客户能付清账单,信贷限额可以增加。每一次成功都扩大了未来协议的基础。

第四,零打碎敲的协议与一揽子协议。这两种办法各有优缺点。如何开头能影响你在何处结束。零打碎敲的讨价还价可逐步建立信任并能使双方对整

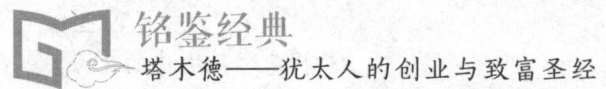

个合作有种更好的印象,他们能了解双方的需求和重点。一步一步地询问可以规避双方的风险区,当能拿到详细费用资料和双方分歧不太大时,再进行讨价还价效果最佳。

一旦建立起条理性原则,就能把双方的矛盾冲突放在框架中,各种问题可以粗略地交换一下意见,这就是原则性协议的要义。

讨价还价的重点在于它与整体的情况有关而与细节无关。应该把零打碎敲和一揽子概念结合在一起细谈生意,其原因在于:人们需要通过零碎的协议来完成交易。零碎的协议揭示了更多的人性和需求强度。一项项地讨论能使双方都做出让步,同时也满足己方的期望。

在犹太商人看来,一份协议只有达成后才有效力。如果一个人在原则上同意,那么他不必对每一部分都同意;如果一个人同意一部分,那么他不必全部都同意。在谈生意中各部分的总和并不等于全部。

05 守法就是守形式

只有提高合约形式上的完备性,才能不仅约束立约的对方,还可以约束可能的合约裁定人。

第三章
信守契约和法律的生命线

曾经有一个聪明的犹太人,他把儿子送到很远的耶路撒冷去学习。一天,他突然染上了重病,知道来不及见儿子最后一面,就留下了一份遗嘱,交代自己的全部财产都让给一个奴隶,但要是财产中有一件是儿子所想要的话,可以让给儿子。不过,只能一件。

他死了之后,奴隶很高兴自己得了好运,匆忙赶到耶路撒冷,向其儿子报丧,并把遗嘱拿给他看。儿子看了非常惊讶,也非常伤心。

料理完父亲的丧事后,儿子一直在盘算自己应该怎么办,但理不出头绪。于是,他去见拉比,说明情况后,就发起了牢骚。拉比却对他说,从遗书上就可以看出,他父亲十分聪明,而且真心爱他。

儿子却愤愤地说:"把财产全部留给奴隶,不留一点什么给儿子,连一点关怀的意思也没有,只能让人觉得愚蠢。"

拉比告诉他,父亲知道,如果自己死了,儿子又不在,奴隶可能会带着财产逃走,连丧事也不报告他。因此,父亲才把全部财产都送给奴隶,这样,奴隶就会急着去见儿子,还会把财产保管得好好的。

可这个当儿子的还听不明白,这样做对他有什么益处。

拉比见他没有领会,只好给他挑明:

"你不知道奴隶的财产全部属于主人吗？你父亲不是说给你留下了一样财产吗？你只要选那个奴隶就行了。这不是他充满爱心的聪明办法吗？"

年轻人终于恍然大悟，照着拉比的话做了，后来还解放了那个奴隶。

很明显，这位犹太父亲实实在在地使了一个小计谋，给奴隶吃了一颗"空心汤圆"：遗嘱所给予奴隶的全部权利，都建立在一个"但是"的基础之上，前提一变，一切权利皆成泡影。这个心机暗藏的活扣，是这位犹太父亲计谋的关键。

然而，这则塔木德寓言所蕴涵的智慧，并未止于此，作深一层探究的话，还可以发现犹太民族在订约守约方面的独特智慧。为了进行对比，我们不妨引入一个中国古时类似的案例。

宋朝时有个富翁，膝下有一女一儿，女儿已经成亲，而儿子却还年幼。这时，富翁得了重病，临死之前把儿子托给了女婿，并立下遗嘱：日后儿子大了，遗产女儿得七分，儿子得三分。

过了几年，儿子大了，却对财产划分不满，告到官府要求重新划分。当时的杭州知府张咏看了女婿递上那份遗嘱后，就对女婿说，这是他丈人的聪明之处，要不是这么分的话，他也许早就把小孩给害了。

于是，张咏判定：儿子得七分，女儿得三分。

张咏生前就被认为"多智善断"，这一断案也被后人所道。但这种典型的中国智慧同前述的犹太智慧，却大相径庭。

虽然两份遗书都是在不得已之下订立的某种合约，立遗嘱人都面临着"要么让步，要么彻底失去"这种无可选择的选择；并且，他们都采取了让步的方式，而两位仲裁人都明了其中的机巧，并使得遗嘱的执行结果符合立遗嘱者的本意，但两个立遗嘱者同样作为遗嘱建立基础而埋下的伏笔，却完全不同：犹太遗嘱在形式上是自我完善的，只要遗嘱整体作为一项合法文件得到尊重，儿子作为继承人所享有的那一前提性权利要求也必定能够得到满足，而中

第三章
信守契约和法律的生命线

国遗嘱在形式上就缺乏这种"自锁"结构，遗嘱的潜在要求只有在某个洞悉内情的，并是有权力且可以无视法规的智者的专断下，才可能得到满足。从这里不难看出，前者的智谋在于不用借助外部力量，在严格履约的同时就可以避免合约中所规定的不合本意的安排，却不背上毁约的名声；而后者的智谋要想取得同样的效果，只有求助于青天大老爷作出毁约的行政干预。

毫无疑问，两条计谋就其最后都得以实现而论，都是聪明之法，但就其自身的完备与可靠而论，则不能不承认，那份犹太人遗嘱更见智慧，而这种可以泛化为一般订约智慧的智慧，自有其鲜明的犹太特色。

犹太民族素来看重立约，并以信守合约为立身之本，连上帝与人的关系也被看做一种合约的关系，而不是像在其他民族中那样，是一种绝对的、无条件的主宰与被主宰的关系。然而，合约一旦设定，具体的限定便马上有了"无条件"和"绝对"的性质，再也不能更改。

然而，合约的公正只是一种形式上的公正，它并不意味着合约内容上的公正。无论何种合约，立约双方总会出于谋求自身利益最大化的动机，想方设法加入于己有利的规定。

于是，既要保证合约形式上的公正性，又要加强或者抵消内容上的倾向性，便成为立约双方互作攻防的一个狭小舞台。不过，舞台虽小，对双方的智慧来说，已经留出了很大的余地。在各方面都颇为拘泥形式的犹太民族，自然就向着形式的方向，发挥、发展着自己的立约智慧。

现实的经历迫使犹太人只有提高合约形式上的完备性，才能不仅约束立约的对方，还可以约束可能的合约裁定人。

可是犹太民族的福祉恰恰在于，这种形式上的完备性正好同人类社会形式合理化的一般历史要求相吻合，合约形式上的公正正好同现代法律形式上的公正相吻合：由同作为合法权利之主体的立约各方所自愿订立的合约，即使其内容不公正，只要在一定的限度内，从法律上说，仍然是公正的。事实上，在

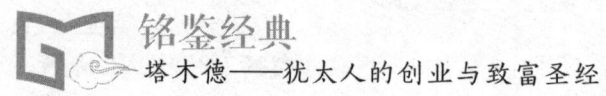

今日社会生活中，一个人能否成为真正意义上的权利主体，很大程度上取决于他能否首先成为智慧的主体。在现代商界中，较之那个奴隶远为自由、自主的人中，最终结局却与那名奴隶大同小异的，也不乏其人。仅就此而论，富有立约守约智慧的犹太民族能在当今世界中的繁荣昌盛，也是理所当然的。

06 对不言而喻的道理
进行确认也是契约

契约可以最大限度地保证双方的利益，就算是不言而喻的道理，约定俗成的规矩，也应该以契约的形式固定下来。

犹太人信守合同几乎达到令人吃惊的地步。但合同中争议的问题却有着合理主义的解释。

甲将乙连同乙的牛都雇佣来从事农业。在作业中，牛因事故死掉了。在这种情况下，责任是甲的还是乙的呢？《塔木德经》认为应该是乙的责任。甲是把乙和他的牛一起雇佣来的，所以应该理解成乙在受雇的时候还充当牛的管理者。

还有一种情况就是甲最初先从乙那里租借来牛，然后再雇佣了乙本人。

第三章
信守契约和法律的生命线

如果牛在以后的作业中死了，甲必须就牛的死亡对乙做出赔偿。因为租借牛和雇佣乙是分别独立的两种契约关系。

工人（或雇工）对在生产过程中产生的损失和不良品的出现有向雇佣方赔偿的义务，因为原材料是由雇佣方出钱买的。但是，如果是在雇佣方验货、收货、支付了工人工资之后才发现有分量不足或是有不良品的情况，就不是受雇方的责任了，因为那时契约关系已经结束了。

这些做法明确了受雇方的责任范围，而现在的人可能已经把这些作为常识来看待了。但是，即使是常识范围内的惯例，也要将之纳入法律体系。而纳入还是没有纳入，这个差别是巨大的。如果没有把商业惯例以立法形式确立起来，你请的工人就会不负责任地造出很多不良品，并理直气壮地认为这是不可避免的。或者，雇佣方在收货、付款之后，不小心损坏了产品，还会把责任推到受雇方的头上，从而要求对方做出补偿。即使是非常明确的事情，当事者双方都要使之明确，这就是契约，它可以保护双方的利益。

甲卖给乙谷物，如甲在正确地计量谷物以前，乙就把谷物接收过来，那乙对谷物的所有权（和货款的支付无关）在这个时间点上就确定了。反过来说，甲虽然已经完成了对谷物的计量，只要乙没有把谷物拿到手（即使他已经支付了货款），那乙就没有对谷物的所有权。

一般认为所有权是通过货款的支付来实现的，但是，买卖行为的目的，从本质上讲是商品的让渡，是从卖主有没有将商品转到买主手上来判断买卖的有效性。这也是《塔木德经》的着眼点。所以，如果买主在没有付款的情况下就拿到了商品，之后，即使商品全部损坏，也认为是交易已经完成，而买主也不能让卖主全额赔付货款。

对于只有在通过货款支付才能保证商品让渡的情况及不能简单搬运的大宗商品、石材或田里还没有收割的庄稼，这类棘手的问题。

《塔木德经》的解答十分简明：在买卖契约签订之后，买主权当借卖主的地方存放契约下的商品。这样，根据对场所的占有，事实上就把商品转到了买主的手中。如果是农作物，买主只要象征性地收割一点，就算对农作物的所有权进行了变更。

第三章
信守契约和法律的生命线

07 把契约看做商品

在一个规范的社会里，契约也应该成为诚信的一部分。

把神圣的契约看成商品，体现了犹太人从商的自由度。

犹太民族使立约和守约都高度神圣化了，但这种虔诚并没有使他们把各种契约供奉于神龛。相反，他们把契约看做一种商品，只要契约合法，同样也能够交易。

犹太人称"将别的公司已经订立的合同买下，代替卖方履行"的人为"贩克特"。

卖合同的人相当于一个坐享其成的人。他只经营合同买卖业务，不需要履行合同指定的责任，不费多大力气就能从中获得利润。

犹太人的"贩克特"是走遍世界的，他们一般看准一些信誉高的大企业或大公司。银座犹太人藤田先生的公司就与"贩克特"常来往。

犹太"贩克特"常常会问："您好，藤田先生，最近您有什么生意？"

"是您啊！几分钟前我和纽约的高级女用皮鞋商签了个10万美元的合同。"

"太好了！您能否把这项权利让给我，我给您两成的现金利润？"

"好的，如果您愿意的话，我可以将它转让给您。"

双方有意，于是一桩合同的买卖很快便成交了。犹太"贩克特"因此获得女用皮鞋输入权利，再从皮鞋销售中获得更大的利润，而藤田先生也没有费多大的劲，取得两成现金利润。交易的结果，双方都非常满意。这就是"贩克特"的快速生意。

当他们双方成交后，"贩克特"手持合同急忙赶往纽约那家皮鞋公司，称10万美元的权利是属于他的了。他们这么做所带来的好处是直接买来满足自己需求的合同，而没必要直接参加合同签订。

当然，合同买卖需要的是步步为营，它要求"贩克特"们有敏锐的洞察力，以减少不必要的损失。犹太人渊博的知识，惊人的心算度，深邃的理解力，决定了他们是做"贩克特"的天才。

第三章
信守契约和法律的生命线

08 诚信是
经商的法宝

把智慧给贤人，贤人都懂得如何灵活地运用这些智慧，让智慧发挥更大的价值。

诚信是企业从事生产经营活动的一个必备要素，是市场经济的生命和灵魂，有着真金白银般的经济价值。一个明智的犹太商人，一定会把自己训练得非常出色，不仅要善于经商，为人也要做到十分的诚实和坦率。因为他们认为市场经济既是竞争经济，也是诚信经济、法制经济。

正是因为有了诚信，市场才会有活力。很显然，在市场中，人们的一切经济活动都得通过与他人的交易来完成，小至你在街上一手交钱、一手交货的现货买卖，大至国与国之间贸易协定的签订。在日常生活中，当你走进一家银行的时候，可能你对这家银行的经营状况是一无所知，但你却会把自己辛苦挣来的钱交给柜台的职员，而不会有丝毫犹豫，最后仅拿着一张存折悠然而去；当你走进一家过去从来没有进入过的医院时，你却会答应医院中未曾谋面的医生给你做手术；你也会向轿车送货商预付车款，而这些轿车却要在外国工厂中由根本不会与你见过面的工人们生产；当你向一家企业订购一批货品，厂商会欣然地接受你签署的银行支票，你只要在家里等待，企业就会把你订购的货品送到家，等等。从这里我们可以看出，维系这一切的就是市场的诚信法则。如果人们之间没有了诚信，不仅会使整个交易的成本增加，有时也会使人们之间的交易根本无法进行。离开了诚信，市场将无法生存。

在商业活动中，犹太人非常讲究诚信，他们恪守契约，但却不千篇一律地签订书面的合同，他们往往只在口头上作出非正式承诺，而非写到书面上，只要双方彼此都接受，他们就会不折不扣地按照约定去办事，犹太人重信守约的这种美德为他们赢得了赞誉。

《塔木德》中规定了许多规则，严格禁止那些充满欺骗性的推销或宣传手段。比如：不能有意地装扮奴隶，使其看起来更年轻、健壮，更不能把颜色涂在家畜身上欺骗顾客，并且货主有向顾客全面客观地介绍所卖商品的质量的义务，如果顾客发现商品有问题，而且这些问题都是事先没有说明的，则有权要求退货；而在定价方面，尽管当时价格没有统一，这需要双方自行商定一个合理的价格，但一般来说商品的价格不会有太高的偏差，因此，如果卖主在买主不知情的情况下，将物品以高出一般水平10%以上的价格卖给他，则此交易无效。这些规定在现在看来也许是十分平常的事，但是，《塔木德》形成于世界大多数民族还处在农耕社会的时期，它能预见将来社会以商业和贸易为主，并阐述这些诚信经商的道理，是极富先见之明的。

犹太商人从不做"一锤子买卖"，那种"我只要让每个人都上一次当，就可以赚得很多钱"的想法在他们看来是自寻死路。按理说，犹太人被人四处驱赶，他们没有自己的家园，很容易在生意场甚至在与人交往中形成"打一枪，换一个地方"的短期策略和流寇战术，而实际上犹太人绝少有这种劣迹，他们给予的服务和经营的商品都是最好的，从不拿劣质产品充数。为什么？除

第三章
信守契约和法律的生命线

了犹太商人的文化背景，如以"上帝的选民"自居，有重信守约的传统外，更有其民族在流动不定的生存状态与商业活动的规律的结合中，悟出的真正的经商之道。

"马克斯—斯宾塞百货公司"是英国最有名的百货公司，这家百货公司是由一对姻亲兄弟——西蒙·马克斯和以色列·西夫创立的。

西蒙的父亲米歇尔于1882年从俄国移居英国，刚开始还只是个小贩，后来在利兹市场上开了个铺子，以后发展为连锁廉价商店。1964年，米歇尔去世，西蒙和西夫接手了这些连锁商店。经过不断努力，他们将这些连锁店发展成为资金更加雄厚、货物更加齐全，具有类似超级市场功能的连锁廉价购物商场。

虽然马克斯—斯宾塞百货公司以廉价为特色，但却十分注重产品质量，真正做到了"物美价廉"。用一些报纸上的评价来说，这家百货公司等于引起了一场社会革命。因为原先从人们身上穿的衣服就可以知道他们属于社会的哪个阶层，但由于马克斯—斯宾塞百货公司以低廉的价格提供制作考究的服装，使得人们不用花太多的钱就可以穿得像个绅士或淑女。以"衣"取人的价值观念也随之发生了根本动摇。现在在英国，该公司的商标"圣米歇尔"成了一种优质品的标记，不仅价格便宜，而且质量也有保证。

马克斯—斯宾塞百货公司不但为顾客提供满意的商品，而且服务也是最好的。西蒙和西夫在挑选职员时，就像挑选所经营的商品一样，真正使公司成了"购物者的天堂"。

在让顾客满意的同时，西蒙和西夫还做到了让职工也满意。虽然他们对职工有很高的要求，但在全行业中，他们为职工提供的工作条件是最好的，职工的工资也最高，甚至还为职工设立保健和牙病防治所。由于所有这些优越条件，马克斯—斯宾塞百货公司被人称为"一个私立的福利国家"。

在国内同行业中，马克斯—斯宾塞百货公司被普遍认为是最有效益的企业，并吸引来大量的投资者。

马克斯—斯宾塞百货公司=私立的福利国家

另一个事例是：在以色列，曾经有一家犹太人经营的光缆公司，一直都是全国小有名气的光缆生产厂家。因一次工作的疏忽，在1997年全国邮电行业统检的产品质量公告中，发现在光缆全部39项考核中38项合格，只有内外护套之间渗水试验一项未能通过，被确定为不合格。面对这样的检测结果，管理层高度重视，向所有用户致信通报实际情况，承认他们生产的光缆有不足之处，并着力解决，同年4月28日，改善过的光缆经权威机构检测，全部合格。这位犹太商人用磊落与诚实赢得了用户的信任。这只是犹太人在经商中注重诚信的一个小环节，但这也足以反映出犹太人对诚信经营的肯定态度。

犹太人认为只有诚信相待，取信于人，才会交上真正的朋友。

第三章
信守契约和法律的生命线

09 只有守信用，
生意才能做长久

　　信用既是无形的力量，也是无形的财富。

　　在犹太商人看来，生意是一种激烈的竞争，而且竞争中的方式方法有很多，使人防不胜防。但是，不管怎样谈生意都要以诚相待。谈生意过程中不能采用强迫的手段。谈生意的协议是靠生意者的双方信守来保证的，要同时兼顾自己与对方的利益。

　　美国前国务卿、著名谈判家基辛格就说过："在外行人眼里，外交家是狡诈的。而明智的外交家相当清楚，绝不能愚弄对方。从长远的观点看，可靠和公平是一笔重要的资产。"

　　从实用主义角度来看，坦诚对于经商人来说是绝对重要的。如果生意对手从心底不信任你，那么你不会从他那里得到任何重要的信息。相反，当对方认为你可信时，不仅在谈生意桌上，甚至在一些私下的时间里，他也会告诉你一些无从得到的信息。例如：

甲：瞧，我知道我们的出价是低了点，不过，我们确实对贵公司的产品很感兴趣。

乙：可是，你们在价格上的态度让人感到一点余地也没有。

甲：我知道这个。可是，如果贵公司稍微让步，我们的价码还会变化。

这段看似平常的对话可能会使你的生意成功。这并不是因为你得到了信任，只是当人品正直无可置疑时，秘密的关键才会透露给你。在谈生意过程中经过接触和了解，相互尊敬和体谅，会形成一种良好的工作关系，从而使每次谈生意变得顺利而有效。要把对手看成解决问题的伙伴，想方设法用坦诚的态度和诚恳的语言感化对方，携手共赢。

犹太商人在谈生意的过程中，总是彬彬有礼，殷勤谦恭，但他们内心却隐藏着一定要赢的战略。为了与对方建立信赖关系，犹太商人首先会向对方表示好感，然后进行一些人情味的闲谈，以便建立起相互之间的亲密关系。他们或是聊聊各自的家庭关系，或是双方共同感兴趣的话题，以及"坦诚"地表示对将来合作的渴望，对方的戒备逐渐放松了，却为其讨价还价奠定了基础。这样在不知不觉中，对方可能已进入圈套，失去了利益。当然坦诚也不是天真地对对方毫无保留。

为此，在谈生意中的坦诚需要伸缩自如：（1）制订谈生意计划，一步一步向合乎你要求的方向迈进；（2）对和你的谈生意的对手做好充分的心理准备；（3）表现坦诚并不意味着天真地毫不遮掩；（4）对方不一定是你想象中的利他主义者。

在谈生意中表现坦诚不是很难的事，下面一些表现是不劳开口就可做到的：（1）微笑。真诚的微笑如同高声宣布"我很高兴与您合作"；（2）身体前倾。在几乎所有的文化中，它都表示兴趣和专注；（3）利用每一次机会点头。通过这个简单的动作可以让对方知道你在倾听；（4）使用开放的手势。将两臂交叉于胸前可能被认为缺乏兴趣或表示抵制。开放的姿势将表示出你对对方的看法持接纳态度。

只有在谈生意中以诚为本、以诚待人，才能得到宝贵的信誉筹码。成交值不单指价钱，它还包括了交易中的其他利益。比如卖方的信用就隐含在买主所付的价钱里。从买方的角度来看，侦查、确认所见所闻，和购买商品、争取服务品质一样，都是交易的重要部分。为了更有效地与生意对手交涉，犹太商人认为有必要向他们提供一些自己的相关信息给他们参考，这样做对买卖双方并无坏处。但问题是，该提供多少以及提供什么内容，这些都和信用有关。如果犹太商人认定对方没有信用，那这笔生意就无法谈下去。

那么，如何才能博得对手的信任呢？

首先，要缩小你与对手的距离。

其次，用坦白争取好感。坦白的人知无不言，言无不尽，甚至包括自己的动机和假设。这个策略风险很高，但收获也可能很大。坦白是争取信任的好方法。

一般的人对心胸坦荡的人，都会有好感、产生信任；相反，如果你凡事隐瞒、唯唯诺诺，就会给人以不良印象。

再者，帮助对方变得更可信。要让自己可信，犹太商人可以做很多，而且也容易使自己可信。然而孤掌难鸣，信任本来就是互相的，故而切不可忽视对方的可信度。

一天，有位美国律师向"日本的犹太人"藤田先生请求预约。其时，藤田手头正忙，就没有答应对方。

"无论如何请您抽出一点时间。"对方恳求道。

"抱歉，我实在没空。"藤田婉言谢绝。

"那好吧，每谈一小时，给您奉上酬金200美元。"对方开了价，如此诚恳的态度使藤田很难为情，这说明定有要事。

"好吧，那就给你30分钟。"

当你把"真诚"展示给对方时，对方会感觉得到。这样才能促使双方在生意合作中取利。

而且，犹太人一旦签订了合约就一定要执行，即使有再大的困难和风险也要自己承担，这种"诚信"是他们成功的一个重要原因。

第三章
信守契约和法律的生命线

10 不让违约者得利

避免失败的最稳当的办法，就是下定决心获得成功。

犹太人之所以善于在谈判订约的过程中与对方斗智，同他们本身信守合约的习惯也有一种互为因果的联系。

越是守约的人，对订约越是重视，合约对他的约束力也越强。因为，订约之前，一切尚未决定，余地还大得很，主动权还握在自己的手中。一旦签约，条条款款既定，哪怕再吃亏，也只好不折不扣地去履约。不像那些习惯于不守约的人，订约时根本没有必要多费脑子，只要略有油水，到时捞够了，就毁约了事。

反过来，越是订约认真的人，对守约也看得越重，因为订约再认真，只是准备一个基础，要是根本不守约的话，这个基础搞得再坚实也是枉然，订约时的努力也就付诸东流。

所以，犹太人订约时认真，自己守约时认真，要求对方履约时也同样认真。但这种要求如何才能落到实处呢？尤其是对于那些不信上帝，没有为守约而守约的信念,甚至也没有守约习惯的人,怎样才能使他们严格履约呢?

犹太人很清楚,一个人之所以要违约甚或毁约,因为他可以借此得利。既然如此,那么只要使违约或毁约者的得利化为泡影,甚至得不偿失,就可以制止违约。所以,对违约或毁约者的惩罚,必须落在这个实利上。下面这则塔木德寓言,就隐喻了这层意思。

从前,有个漂亮的姑娘和家里人一块儿出外旅行。途中,姑娘离开家人独自行走,不知不觉中迷了路,来到了一口井边。

当时,她正觉得口渴,就攀着吊桶,下到井里去喝水。结果,喝完了水,却攀不上井来,急得大声哭喊着求救。

这时,刚好有个青年男子打这儿路过,听见井下有人在哭喊,便设法把她救了上来。两个人一见钟情,都表示要永远相爱。

第三章
信守契约和法律的生命线

两人订下了婚约后，正想请谁来担任证人，这时候，姑娘刚好看见有一只黄鼠狼走过，于是，她说："现在这只黄鼠狼和我们旁边的这口井，就是我们的证人了。"

两个人就此分别。

过了好多年，姑娘一直守着贞洁，等待未婚夫的归来。可是，他却已在遥远的他乡结了婚，生了孩子，过着快乐的生活，完全把原先的婚约给忘了。

但他的两个孩子，一个一天在外玩耍时被黄鼠狼咬死了，另一个在井边玩耍时掉到井里淹死了。

到这个时候，那男青年终于记起了从前和那位姑娘的婚约，当时的婚约证人正是黄鼠狼和水井。

于是，他便将事情全都告诉了妻子，同她离了婚。回到那个忠贞不渝的姑娘身旁。

这个故事就是犹太人警告违约者的下场，任何人都不得违约，否则，就一定会遭受上天的严厉惩罚。

从这个切入点入手，可以说是对"违约病"的最有效的针砭。

在现实生活中，犹太人对内部的违约者采取的是逐出教门的办法。在生意场上，一个受到犹太共同体排斥的"犹太人"可以说是绝难再在生意场上存活的。

而对于非犹太人，则一方面毫不容情地上诉法院，要求强制执行合约，或者赔偿损失；另一方面，犹太共同体相互通报，以后不再同此人做生意。而国际贸易历来是犹太人最为得手的领域，那么，遭到犹太人排斥离被赶出"世界交易场"也就为时不远了。

这种规矩一旦确立，并行之有效地坚持下去，就会对一切贸易或商务伙伴产生一种威慑力，使得非犹太人在与犹太人打交道时，不得不也重信守约，尽管他以前或者以后在其他场合都没有守约的习惯。

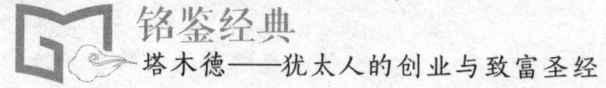

这实际上表明，犹太人的经商智慧，不仅同经济世界尤其是商业世界的内在规律有吻合之处，而且在改变其他人的经商模式，使之接受犹太人的规范，从而使犹太人有更大的活动余地。

第四章
创业就是人生的博弈

犹太民族是富于冒险精神的民族,并且每每能运用自己的智慧抓住转瞬即逝的机遇获得成功。与其说这是上帝对犹太人特殊的眷顾,莫不如承认犹太人的成功是其学以致用,并敢于挑战自我的必然结果。

01 只有智慧
　　才是永恒的财富

现实的财富，不是看得见的一堆一堆的金币，而是我们头脑中随时可以带走的智慧。

犹太民族是"书的民族"，这个民族对书的崇拜，对知识的渴望和学习，无以言表，他们已经达到了宗教一般的狂热和崇拜。对他们来说，书就是一切智慧的根源，也是一切财富的来源。

《塔木德》这样说："把书本当作你的朋友，把书架当作你的庭院，你应该为书本的美丽而骄傲，采其果实，摘其花朵。"他们把这样的箴言代代相传，告诉他们的子孙一定要勤奋地读书。为了能让所有的人知道学习的重要性，都热爱学习，犹太教制订了许多相关的教义。

在传统的犹太家庭里有一个世代相传的规定：书橱只可放在床头，不可放在床尾。这就是告诫自己民族的人，书是神圣的，不能对书本有所不敬。在犹太人的聚居区，常发生这样的事情，如果一个人在旅途中，发现了故乡人未

第四章
创业就是人生的博弈

曾见过的书,他一定会买下这本书,带回去与故乡的人分享。外来的书籍和知识是别人智慧的结晶,应该拿来学习和利用。犹太人还有这样的规定"生活困苦之余,不得不以变卖物品度日。你应该先卖金子、宝石、房子和土地,到了最后一刻,在你不得已的时候才可以出售图书。"犹太人是这样解释的,世间的一切金银珠宝、房屋、土地都是可以变化消逝的东西,而知识则是可以长久地流传的财富,因此,不到万不得已时,都不可以抛弃书本。

犹太人认为,人们可以有各种仇恨和恩怨,然而知识是没有边界的,他是属于全人类的,不能因为我们存在各种偏见而影响智慧和真理的存在。为了维护书籍的传承性,在1736年的时候,拉脱维亚的犹太社区通过了一项法律,该法规定,当有人借书的时候,如果书本的拥有者不把书本借给他人,应罚以重金。这是有史以来,人类为书籍立法的第一次,这也在其他民族的法律史上是未曾有过的。

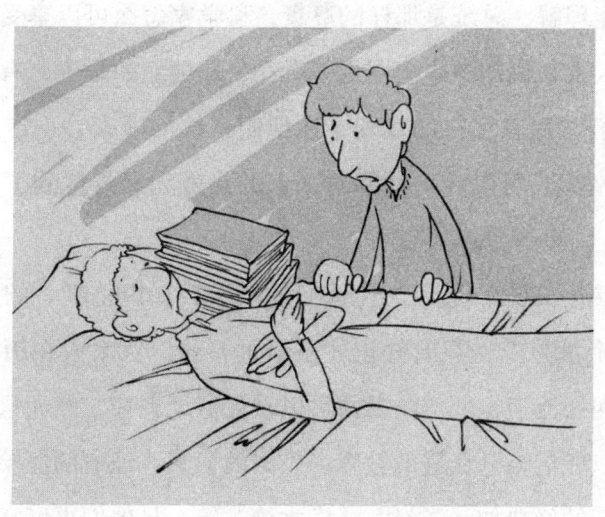

他们同时还规定,如果有人去世了,要在棺材里放几本书。让书伴随他们死去的躯体。他们这样做的用意很明显,学海无涯,即使人死去了,他的灵魂也应该继续学习。

对于有知识、有智慧的人，犹太人更是充满了敬佩之情。在犹太人的社会里，他们认为有知识的学者是智慧和真理的化身，是上帝派来引导大家过上愉快幸福生活的人。他才是最尊贵的，地位应该高于国王。因此，犹太人有学者比国王伟大的说法。在犹太人的观念里，犹太教的拉比要比父亲更值得尊敬，因为，拉比是整个社区最有智慧的人，所有的人都应该听从这位智慧和学识都很高的教师的教导。如果一个犹太人在为自己的女儿选择夫婿的时候，他会毫不犹豫地选择一个有良好教育的青年，而不会选择一个世俗的有钱青年。

犹太人就是这样的民族，尊重知识，追求真理，在知识面前，世俗的一切都要让位。这个观念在犹太人的国家——以色列得到了很好的印证。以色列建国之后，著名的犹太科学家爱因斯坦因在科学上的卓越贡献，得到世界和以色列人民的爱戴。以色列人民向他发出了邀请，请求他来做以色列国家的总统。但是他们的好意被爱因斯坦拒绝了，因为他已决心献身科学。许多民族的人都觉得不能理解，总统是那样的尊贵，科学家怎么可以享受这样的待遇呢？但是对于犹太人来说却丝毫也不觉得奇怪，在他们的眼中，有知识的人是最聪明的人，他们掌握着宇宙的真理，让他们来统治国家，一定是这个国家的幸运和人们的幸福。可以看出他们对知识的热爱和崇拜达到了怎样无以复加的程度。

犹太人热爱知识，是因为在他们的眼里，知识是唯一的永远也夺不走的财富。在这个世界上，只有知识才是最重要的。犹太人在历史上不断地遭人驱逐，被迫四处流浪，他们的财富可以被任意地剥夺，然而只要他们拥有了知识，依然可以凭借自己良好的教育、杰出的智慧、经商的经验，很快地再次变得富有。他们的经典如《圣经》《塔木德》等，是他们再度富有的知识和理论的根源，知识是他们在长期的流浪生活中重新振作起来的根本原因。也正是犹太民族热爱知识、酷爱学习、以至于达到了如此程度的现实原因。

犹太人的父母就是这样告诉他们孩子的，知识是一切财富的来源，是唯

第四章
创业就是人生的博弈

——可以永久打开财富之门的金钥匙。犹太人的历史再次验证了知识的价值，与其把那些有限的财富交给他们，不如把可以永远打开财富之门的金钥匙——知识交给他。

财富是可以随着境遇的改变而改变的，它始终处于一个变化不定的状态中，而知识却是永恒的，它是不会随着时间和条件的变化而改变的。因此，犹太人为了让自己的后代注意引导他们的孩子学习，在他们小的时候，就引导他们学习犹太教义。犹太教的托拉是这样说的："越学《塔木德》，生命越久长……精通《塔木德》的人便在来世获得了永生"。还有"研习《塔木德》的人值得受到尊敬。他会被称为一个朋友、一个可敬的人、一个崇敬上帝的人；他将变得温顺谦恭，变得公正、虔诚、正直、富有信仰；他将能远离罪恶、接近美德。通过他，世界就有了智慧、忠告、理性和力量。"他们这些教义就是鼓励犹太人从小要喜欢学习。把钻研和学习提到信仰的高度来看待。

在今天，世俗的教育早已经取代了过去的宗教灌输。热爱知识的犹太人迫不及待地投入了现代的教育。在犹太人聚集的北美，免费的公共教育体制把大批的犹太人招进学校的大门，而他们的父母则会竭尽全力使他们的子女完成学业。犹太人让父亲出去赚钱，母亲留在家里照看孩子，以确保他们的孩子能够上学。为了子女们的教育，家长们可谓煞费苦心。犹太孩子们经常在超过了国家要求的接受教育的年龄，甚至在超过正常工作的年龄之后，仍在学校里学习。而对于一个犹太家庭来说，他们的子女如果能够考取博士，就是父母的最大荣耀了，这个家庭也将成为大家争相学习和效法的对象。

正因为犹太人是如此的重视教育。因此大多数犹太人都得到了良好的教育。美国的犹太人中有84%的人念过4年高中，有32%的成年人受过高等教育。如果想拥有财富，就必须先拥有知识，这是犹太人的铁律。

02 犹太人的生意经是智慧的生意经

知足是天赋的财富,奢侈是人为的贫穷。

犹太民族是一个智慧的民族,犹太人的成功也多为以智取胜。其他不说,就拿商人来讲,在实业世界中专执金融这个牛耳就足以证明这一点。不过智慧这个词也属于模糊概念,范围极大、定义又不清,到底什么是智慧,仁者见仁,智者见智,犹太商人是这样定义智慧的:

犹太人有则笑话,谈的是智慧与财富的关系。

两位拉比在交谈:

"智慧与金钱,哪一样更重要?"

"当然是智慧更重要。"

"既然如此,有智慧的人为何要为富人做事?而富人却不为有智慧的人做事呢?大家都看到,学者、哲学家老是在讨好富人,而富人却对有智慧的人露出狂态呢?"

第四章
创业就是人生的博弈

"这很简单。有智慧的人知道金钱的价值，而富人却不懂得智慧的重要呀。"

拉比即为犹太教教士，也是犹太人生活一切方面的"教师"，经常被作为智者的同义词。所以，这则笑话实际上也就是"智者说智"。

拉比的说法很有道理，知道金钱的价值，才会去为富人做事。而不知道智慧的价值，才会在智者面前露出狂态。但笑话明显的调侃意味就体现在这个内在悖谬之上：

有智慧的人既然知道金钱的价值，为何不能运用自己的智慧去获得金钱呢？知道金钱的价值，却只会靠为富人效力而获得一点带"嗟来之食"味道的酬劳，这样的智慧又有什么用，又称得上什么智慧呢？

所以，学者、哲学家的智慧或许也可以称作智慧，但不是真正的智慧，因为它与金钱无缘。在金钱的狂态面前俯首帖耳的智慧，是不可能比金钱重要的。

相反，富人没有学者之类的智慧，但他却能驾驭金钱，却有聚敛金钱的智慧，却有通过金钱去役使学者智慧的智慧，这才是真正的智慧。有了这种智慧，没钱可以变成有钱，没有"智慧"可以变成有"智慧"，这样的智慧不是比金钱，同时也比"智慧"更重要吗？

不过，这样一来，金钱又成了智慧的尺度，金钱又变得比智慧更为重要了。其实，两者并不矛盾：活的钱即能不断生利的钱，比死的智慧即不能生钱的智慧重要；但活的智慧即能够生钱的智慧，则比死的钱即单纯的财富——不能生钱的钱——重要。那么，活的智慧与活的钱相比哪一样重要呢？无论从这则笑话的演绎还是从犹太商人实际经营活动的归纳，我们都只能得出一个回答：

智慧只有化入金钱之中，才是活的智慧，金钱只有化入智慧之后，才是活的金钱；活的智慧和活的钱难分伯仲，因为它们本来就是一回事：它们同样都是智慧与钱的圆满结合。

智慧与金钱的同在与同一，使犹太商人成了最有智慧的商人，使犹太人的生意经成了智慧的生意经。

03 逆境是上帝赐予的时机

失去金钱的人损失甚少，失去健康的人损失极多，失去勇气的人损失一切。

人的一生不可能是一帆风顺的，必定会经历坎坷与磨难。身处逆境，应该顽强，应该奋斗。如果放任自流，倘有赚钱的想法也是毫无意义的。

有三只青蛙一同掉进一只装满鲜奶的桶中，第一只青蛙说："这是神的旨意。"于是，它缩起后腿，一动也不动。

第二只青蛙说："这只木桶太深了，我实在没有办法跳出去。"说完，也同样动也不动，不久，这两只青蛙就都被淹死了。

只有第三只青蛙没有放弃努力，它想："只要我的后腿还有些力气，我就一定要把头伸到鲜奶上面。"它就这样不停地跳动。忽然，它觉得它的腿碰到了一些硬硬的东西，试试，居然能够站在上面。原来，它不停地游来游去，把鲜奶搅成了奶油。第三只青蛙站在奶油上面，一跃跳到了桶外。

犹太商人似乎对逆境视而不见,当危险来临之时,他们仍泰然自若地做生意,甚至把逆境当作上帝赐予的做生意的绝佳时机。犹太人认为环境不好、遭遇坎坷、工作辛苦、事业失意是人生的正常现象,说得严重一点,似乎每个人都注定了要经历各种困难折磨。既然是正常现象,遭受坎坷就在所难免。如果处于顺境,财源就会滚滚而来,一旦遇上风险,逆境来临时,就又要过一段节衣缩食的苦日子。不够坚强的人面临逆境时,就会匆匆结束这次旅行,自认失败;而假如能够坚强挺住,就该明白,我们就是为经历这些逆境而来。金钱就在勇气背后!

犹太人之所以能在非常困难的情况下从事商业,因为他们知道自己的生意在哪里,对生意机会有一种超乎寻常的敏感,只要合法,他们只顾大赚特赚。这归功于他们具有远见,且预先做好搏击逆境的准备,在困境中追求突破,追求成长的智慧与勇气。

犹太人考夫曼能成为股市"神人",也是他不懈奋斗的结果。他1937年出生于德国,因遭受纳粹的迫害,1946年随父母逃到北美定居。刚到北美时,他不懂英语,进入学校读书十分困难。但他很有耐性,不怕别人嘲笑,大胆地

第四章
创业就是人生的博弈

与小朋友交谈，为的是向他们学习英语。此外，他还利用课余时间补习英语，甚至在吃饭时和走路时也背诵英语词句。半年时间过去了，他能熟练地讲英语了。他家境不佳，却以半工半读形式读完了大学，并先后获得了学士、硕士和博士学位。在工作中，他不辞劳苦、刻苦钻研，从银行的最底层职位做起，直至成为世界闻名的所罗门兄弟证券公司主要合伙人之一。他对股市洞若观火，成为证券市场的权威之一。

成功之路是曲折的，它不可能是畅通无阻的康庄大道。成功者的特长之一，是善于处理前进中的障碍，有坚忍不拔的忍耐性。"成功者是踏着失败而前进的"，"失败是成功之母"，这些哲理意味深长。英国大文豪H.C.威尔斯，在他成为文豪前曾从事过近10种职业，但都一无所成。现代著名科学家克达林曾说："我的成功发明，每项都几乎经过99次的失败。"

在人生的游戏中，不尽如人意之事十有八九，所以每个人都没有悲观的必要，失败乃是成功必经的过程，关键要有决心和忍耐。昨天或今日的失败，并不意味着最后的结局。最怕的是那些发生了错误或失败的人一蹶不振，没有了忍耐性，才是真正的失败者。

在经济不景气刚开始时，资金应尽快退场观望，静待谷底呈现，以避免缩水；然而也别忽略了进场捡便宜货的时机，因为不景气时保有现金，将具有较大的议价空间。此外也应逐步在改善生产设备、产品开发、内部管理、组织学习及人际沟通等方面做训练，以便在否极泰来时能把握时机。

04 生意场上只有成败，没有禁忌

清贫，这或许是一个可怕的字眼。其实，没有钱并不可怕，可怕的是一个人思想上的清贫，感情上的清贫。

在商言商，这句话使犹太商人在进行商业操作之前，先排除了众多伦理道德规范的桎梏和情感的障碍，放下包袱，轻装上阵，眼界看得宽，手脚放得开。这句话的意思是在生意场上只能遵守商业规则，除此以外，日常生活中的亲情、友情、尊老爱幼、礼让、助人等其他的伦理道德规范都必须服从商业规则。一句话，为了赚钱，一切都可以放弃，只要能赚到钱，除了犯法的事不能干，违背合同的事不能干，其他的什么都可以去做。

很多企业的创始人对自己亲手创立的公司，有一种特殊的感情，他们视之为自己的孩子，呵护终身，然后传之后代，而后代对从先辈那里继承下来的公司，也就自然带上了一层祖先崇拜的色彩。而犹太人则不以为然，他们认为创立公司的目的，只是为了赚钱，为了达成这一目的，出售公司又何妨。

第四章
创业就是人生的博弈

同样，犹太商人在进行商业操作时从来不会顾忌所借助的东西，除了不触犯法律，其余概不考虑。

犹太人认为，在商场上，首要的不是道德，而是合法性，只要合约是在双方完全自愿的情况下达成的，并且符合有关法律，那么即便是再不公正的结果，也只能怪吃亏的一方，他们要为事先的考虑不周付出代价。这样一种信念的确立，使与人类有关的一切事物都贴上了商品的标签，不管是宗教的、伦理的、美学的、情感的等等，统统丧失了原先神圣的光环，取而代之的，是金钱的颜色。

犹太民族在生活上有着很多严格的禁忌，但在另一方面，犹太商人在经商时却百无禁忌。现代世界的许多原先非商业性的领域，大都是被犹太商人打破禁区而纳入商业范围的。

对待政治也是这样，不管你的政治立场如何，只要有钱赚，犹太人照样和你做生意。

犹太商人罗恩斯坦就利用自己的美国国籍作为资本，为自己做成了一笔大生意。

斯瓦罗斯基家族是奥地利的一个世家望族，世代从事仿钻石饰品的生产。在第二次世界大战时，奥地利被盟军占领，战后，法军当局要没收斯瓦罗斯基公司，理由是在大战中，该公司曾接受纳粹德国的订单，为德军生产了望远镜等军用物资。

这时，罗恩斯坦正在奥地利，他得知此事，立即赶到斯瓦罗斯基公司，提出他可以去同法军交涉，设法阻止法军没收公司。他开出的条件是：如果交涉成功，斯瓦罗斯基公司必须把公司产品的销售权让给他。并且在他有生之年，有权从销售总额中提取10%作为报酬。

罗恩斯坦提出的条件无疑是苛刻的，但却关系着斯瓦罗斯基公司的存亡。斯瓦罗斯基公司没有别的选择，接受了他的条件。罗恩斯坦与斯瓦罗斯基公司签好了协议，马上赶往法国司令部，郑重申述：

"我，罗恩斯坦，是美国公民，我刚与斯瓦罗斯基公司达成协议。从即日起，这个公司已经成为我的公司，因而，斯瓦罗斯基公司现在已属于美国的财产，法军无权对它进行处置。"

此时，面对既成事实，法军无可奈何，只好放弃没收的计划。罗恩斯坦马上设立了斯瓦罗斯基公司的销售代理公司。但这家代理公司并没有进行实质性的销售活动，只是开开发票而已，以此确保那10%的销售利润。

只有彻底地把"在商言商"奉为信条的犹太商人才能将国籍也当做商品进行交换。在一般人眼里，国籍是神圣的，用国籍来做生意，是对国籍的亵渎。

在别人走投无路之时，要挟别人屈从自己的条件，乘人之危，为人所不齿。但是事实上，斯瓦罗斯基家族无论在当时的"勉强同意"，还是在事后的按照协议向罗恩斯坦支付的利润都从未中断过，这充分说明了他们与罗恩斯坦的这笔交易，对其家族是有利的，既然有利，也就无所谓乘人之危了。而且，罗恩斯坦的做法也没有明显违犯有关法律的地方，不然的话，斯瓦罗斯基家族也不会毫无反抗地一直忍受着。

从"生意没有禁忌"这一信条的角度看，"国籍神圣"的观念和"乘人之危"的道德考虑，都是多余的自我束缚。当一般人还在种种的道德伦理观念面前犹豫不决、踯躅不前的时候，犹太人已经捷足先登了。

05 抓住机遇，才能获得成功

顽强地应付一切，无论运气好坏，始终不气馁。

抓住了机遇，成功能够一蹴而就，而失去了机会就会让自己费力，甚至于事无补。机遇往往在瞬间就决定了人生和事业的命运，抓住了机遇，就彻底地改变了自己的命运前途。

有不少成功的商人，在别人问到他有什么成功的秘诀时，会说这么一句话：我运气好。果真如此吗？

犹太拉比告诫人们："抓住好东西，无论它多么微不足道；伸手把它抓住，不要让它溜掉。"

安德烈·迈耶是一个生活艰辛的巴黎印刷推销员的儿子,为了养家糊口,他16岁时离开学校,成为巴黎证券交易所的一名送信员。这年夏天,迈耶撞上了他的第一次好运。他的姐夫受雇于巴黎的一家小银行——鲍尔父子银行。第一次世界大战爆发后,他的姐夫应征入伍了,迈耶趁机申请并获得了这个空缺职位。这不仅使他从此闯入了银行界,而且由于战争造成的金融人员大量流失,使他在16岁时就得以自由地学习这个行业所有的东西。很快,他就业务精通,声名在外了。

法国金融界有个声誉很好的"拉扎尔兄弟"银行,1925年,拉扎尔兄弟银行的老板大卫·韦尔看上了迈耶,他认为迈耶是个可造之材,向他伸出橄榄枝。迈耶很感兴趣,但他有一个问题:我多久才能成为合伙人?大卫·韦尔未置可否,迈耶也就婉拒了这个邀请。

一年后,大卫·韦尔重提此事,并提出一个建议:迈耶可以有一年的试用期,如果他的表现有想象的那么出色,那么一年后迈耶就可以成为合伙人,反之,迈耶就得离开拉扎尔。这次迈耶立即接受了。

1927年,迈耶如愿以偿地成为拉扎尔的合伙人。但是,迈耶并没有满足这个成就,他的理想是成为一名真正意义上的银行家。为公司出谋划策,安排交易,筹措款项,同时为银行寻找有利可图的投资机会。迈耶认为这种意义上的银行业务才是拉扎尔的主要活动所在。

1928年,迈耶的运气来了——拉扎尔在这年成为雪铁龙汽车公司的主要股份持有者。当时,雪铁龙公司首次向法国汽车工业引进了赊销汽车的办法。这种办法是通过雪铁龙的一家子公司——"赊销汽车公司"——法文简称为"索瓦克"来实施的。

但是,雪铁龙的老板只把"索瓦克"当做他的汽车促销工具,而迈耶马上想到了"索瓦克"更多的用途,比如赊销家用器具,甚至房产等,他建议由拉扎尔联合另外两家银行买下"索瓦克",把它变成一个基础宽广的消费品赊

第四章
创业就是人生的博弈

销公司。迈耶建议雪铁龙的老板说:"索瓦克"将继续销售雪铁龙汽车,还将从事其他领域的业务,并且"索瓦克"的转手,使雪铁龙不必再为开办这家相当于银行的公司提供资金,这对于资金来源相当吃紧的雪铁龙来说,是备受欢迎之举,于是协议达成。

在而立之年,迈耶成功地策划了他的第一笔大买卖。

迈耶四处活动,找到两家最强有力的合伙者,一家是"商业投资托拉斯",当时全美最大的消费品赊销公司之一,另一家是摩根公司,世界上最负盛名的私人银行。他们每家都答应购买1/3的股份。

合作伙伴找到了,接下来就是寻求使用"索瓦克"作为其销售机构的商业客户,迈耶顺利地与著名的电器制造公司凯尔文·耐特签订了合同。这样"索瓦克"开始运转,它给投资者带来了持续不断的利润,即使在经济大萧条时期依然如此,直至今日。

"索瓦克"的成功,让金融界知道,迈耶是一个成熟的银行家,他不仅能想出一个宏大的构想,而且还表现出了使这个构想得以实现的决心……

由此看来,"命运"与"运气"的含义的确是大不相同的,"命运"讲的是先天的决定与后天的选择之间的关系,以及由于两者的关系所造成的某个人的人生状态。"运气"讲的是选择,是对自己人生道路的把握。运气是偶然的,谁能抓住这撞上门来的"运气",就不是偶然的了。运气只青睐那些有准备、有抱负、有超常耐力的人。因此,运气又是自己争来的,安德烈·迈耶的成功正说明了这一点。

所谓"运"就是根据自己所处的环境、所具备的条件和优势,对自己人生的理智设计及运作。你选择得准确,把握得及时,设计和运作得当,就会获得成功;如果这种选择、设计和把握恰好跟上了时代的潮流,跟上了市场的发展,那就是你的运气来了。我们常说,运气来了,挡都挡不住,说的大概就是这种情况。

铭鉴经典
塔木德——犹太人的创业与致富圣经

伯纳德·巴鲁克是著名的美国犹太实业家、政治家和哲人，20多岁就已经成为知名的百万富翁。同时，在政坛上也扶摇直上，呼风唤雨，从而赢得事业、权力的双丰收。1916年，他被总统威尔逊任命为"国防委员会"顾问和"原材料、矿物和金属管理委员会"主席。不久又被政府任命为"军火工业委员会"主席。

1946年，巴鲁克的政治生涯又跃上一个新台阶，成为美国驻联合国原子能委员会的代表，在70多岁的高龄时雄风不减。当年，他曾提出过建立一个控制原子能的使用和检查所有原子能设施的国际权威计划——"巴鲁克计划"。

和多数犹太商人一样，巴鲁克在创业伊始也历经磨难。但他拥有一双善于发现事物之间联系的眼睛，洞悉常人认为不相干事物之间的联系，并从这种联系中找到属于自己的生意机会，一夜暴富。

1899年，即巴鲁克28岁那年的7月3日晚上，他在家里忽然听到广播里传来消息说，联邦政府的海军在圣地亚哥将西班牙舰队消灭，这意味着很久以前爆发的美西战争即将告一段落。

第二天即7月4日，也就是星期一，一般而言，证券交易所在星期一不营业，但私人的交易所则依旧工作。巴鲁克马上意识到，如果他能在黎明前赶到自己的办公室吃进股票，那么就能大赚一笔。

时间=金钱

第四章
创业就是人生的博弈

在19世纪末唯一能跑长途的只有火车,但火车晚上不运行。情急之下,巴鲁克在火车站个人承包了一列专车,火速赶到自己的办公室,做了几笔让人羡慕的生意。

冒险是上帝对勇士的最高嘉奖。不敢冒险的人就没有福气接受上帝恩赐给人的财富。犹太人是天生的冒险家,他们在危险中自由地畅行,获得了巨大的成功。冒险意味着在任何时候都是主动出击,不让自己陷入被动的局面。他们投机屡屡成功,这要归之于他们高度灵敏的嗅觉。

犹太大亨们个个都经历过了各种各样的风险。他们在风险的惊涛骇浪中自由地活动,做了一场又一场风险的游戏。而当成功之时,他们却把这归功于"运气"。

06 肯定自己,挑战自己

生活的全部意义在于无穷地探索尚未知道的东西,在于不断地增加更多的知识。

在犹太人看来,如果勤奋自勉,经常在肯定自己的同时向自己说"不",那么总有一天,他就会自然而然地超越别人。我们每个人其实都有两个生命,一个是父母给我们的血肉之躯;而另一个则是我们赋予自己生命的实质。我们要真正地把握住生命,就要把握住内在的实质,这个实质就是不断超越自我的创造力。

犹太科学家爱因斯坦说过:"人必须经常思考新事物,否则就会变得和机器一样。"人若不能时时地关注新东西、反思旧事物,就会一成不变地凭着已有的习性和惯性来生活。人一旦被生活中琐碎的事包围,就等于在无端地浪费生命,而不是在利用生命或享受生命。我们还来不及工作、成就事业,时间就已悄然流逝了。

人是很容易产生惰性的,人们总是在不经意间,接受且满足了已有的生活。相信世上自甘平庸的人是极少数的,但是沉醉于现有的生活,屈从于自己旧习性的却大有人在。如果去体味成功人士的传奇人生,不难看出:他们个个都是自我肯定、自我挑战的人。

第四章
创业就是人生的博弈

保罗·纽曼是著名的影星,他有杰出的表演才能和先天的强健体魄,是银幕上的男性偶像。他主演了许多影片,如《上帝喜欢我》《漫长的夏日》《在阳台上》《骗》等,均获观众好评。他曾5次被提名为奥斯卡金像奖最佳男主角,并在60岁时,荣膺奥斯卡最佳男主角,圆了自己40年的梦。此外,他还是出色的导演。他在电影上的成就得到了人们的认同,为他赢得了极高的声誉,同时也为他创造了财富。

保罗·纽曼是出生在美国的犹太人,他的父亲是一位小商人,母亲喜欢音乐、艺术。纽曼大学毕业后,留在父亲的商店工作。可他不满足于日复一日平淡的生意,更不甘于这种平淡的生活。于是,在不解和怀疑的目光中,他毅然卖掉了父亲留下的杂货店,把资金全都投到了演艺界。他因在《金钱本色》中的成功表演而获奥斯卡奖。保罗·纽曼从商人到艺人的跨越,获得了成功,也发掘了自己在表演上的天赋,并让天赋得到了更大程度的发挥。

但是,保罗·纽曼的超越还没有完结。退出演艺圈后一个偶然的机会使他接触到了一种新的食品。这种新食品是拌面条用的酱汁,味道非常好,曾经作为商人的纽曼看到了其中蕴藏的商机。于是他与朋友合作,投资几十万美元开发这种食品,并成立了保罗·纽曼食品公司,就这样,他又开始了从艺人到企业家的转变。靠着自己独到的眼光,这种食品非常畅销。在成功之后,他又开始开发别的食品,最后成为世人皆知的"食品大王"。

保罗·纽曼从一个小商人到毫不起眼的演员直到天皇巨星,再从天皇巨星到企业家再到"食品大王",他的人生之路告诉我们,想要保持旺盛的创造力,最大限度地发掘自己的潜力,就要不断超越自我,不断让自己在新的生活和环境中去迎接挑战,才能获得一个又一个的成功!

07 不放过
    每一个机会

人们常觉得准备的阶段是在浪费时间，只有当真正机会来临，而自己没有能力把握的时候，才能觉悟自己平时没有准备才是浪费了时间。

成功的犹太人告诉我们，机遇对于我们的事业的发展至关重要，机遇是一个美丽而性情古怪的天使。她偶尔降临在你身边，如果你不太注意的话，她又将翩然而去。无论你怎样扼腕叹息，她都将一去不复返了。

在商业活动中，时机的把握甚至完全可以决定你是否有所作为，抓住每一个致富的机会，哪怕这种机会只有万分之一。

让我们来看看商业巨子华尔顿是如何取得事业上的成功的。

有一次，华尔顿要乘火车去纽约，但事先没有把票订好，这时恰值圣诞前夕，去纽约的人很多，因此很难买到火车票。他的妻子打电话去火车站询问，车站的答复是全部车票都卖完了。不过，如果不嫌麻烦的话，可以带着行

第四章
创业就是人生的博弈

李到车站碰碰运气,看是否有人临时退票。车站强调了一句,这种机会或许只有万分之一。

华尔顿欣然提了行李赶到车站,决定碰碰运气。妻子关切地问道:"华尔顿,如果没有人退票怎么办呢?"

"那没有关系,我就当自己出去散步了。"他平静地答道。

他到了车站,等了很长时间,依然没有看见退票的人,乘客们都陆续地向月台涌去了。但他并没有急于往回走,仍旧耐心地等待着。大约距开车时间还有5分钟的时候,机会终于等到了,一位女士因女儿得了病而匆匆赶来退票。

华尔顿买下那张车票,搭上了去纽约的火车。到了纽约,他在酒店里洗过澡,躺在床上给他妻子打了一个长途电话。在电话里,他轻松地说:"亲爱的,我没有放弃最后的机会,所以,我成功了。"

有一次,地方经济不景气,很多商店和工厂都纷纷倒闭,被迫将堆积如山的存货降价抛售。

那时,华尔顿还是一家织造厂的小技师。他意识到,这是一次商机,于是用自己的积蓄收购低价货物。人们看到他的举动，都笑他傻。对别人的嘲笑，华尔顿漠然置之，依旧大量收购抛售的货物，并租了一个很大的货仓来储存货物。

妻子劝他说，大量收购这些货物对自己没多大好处，因为他们积蓄不是很多，而且是准备用做子女教养费的。如果此举血本无归，那么后果便不堪设想。

对于妻子的劝告，华尔顿只是笑了笑，他安慰妻子说："两个月以后，这些廉价货物就可以给我们带来财运。"

华尔顿的预言似乎并不能实现，过了十多天，那些工厂即使低价抛售也找不到买主了，于是便把所有存货用车运走烧掉，以此稳定市场上的物价。妻子看到别人已经在焚烧货物，心里非常着急，对华尔顿有了怨言。对于妻子的抱怨，华尔顿并不解释。

终于，美国政府采取了紧急行动，稳定了地方的物价，并且大力支持那里的厂商复业。这时地方上因焚烧的货物过多，存货欠缺，物价飞涨。华尔顿马上把自己库存的大量货物抛售出去：一来可以赚很多的钱，二来可以稳定市场物价，不致暴涨不断。

在他决定抛售货物时，他的妻子又劝他不要急着出售货物，因为物价还在不断上涨。他平静地说："现在必须把它抛售完，再拖延一段时间，就会后悔莫及。"果然，华尔顿的存货刚刚售完，物价便跌了下来。他的妻子对他的远见钦佩不已。

后来，华尔顿用这笔赚来的钱，开了6家百货商店，生意越做越大。如今，华尔顿已是举足轻重的商业巨子了。

华尔顿的成功之道就在于能够迅速抓住眼前的机会，如果他当时犹豫不决，进退维谷，机会就会从他手中悄悄溜走。

当机会出现的时候，也许你还没有准备好，面对这种情况，会有两种不

第四章
创业就是人生的博弈

同的选择：有的人尽可能补足准备不足的地方，但前提是一定要占有机会；而另外一种人则认为机会在等着自己。然而，有的事情，一旦你错过之后，就永远找不回来了。或许这样的机会在你的一生中只有一次，而你把它错过了，即便你以后再怎么努力，恐怕也很难再遇到了。

正所谓"机不可失，时不再来"，当已经意识到机会来临时，不要犹豫不前，而应该勇于决断，把握住难得的机会。

我们来看看下面这个故事：

有两个年轻人，刚走上工作岗位不久，都没有积蓄。一天，他们同时看到一则投资广告，内容是说某公司研制成功一种新产品，需要批量生产，但缺乏一定的资金，欲寻求志同道合的合作者。面对这样一则广告，甲青年认为自己现在资金不够，无法投资，希望自己现在努力赚钱，等日后有机会再来投资；乙青年虽然也是两手空空，但他意识到这是一个难得的机会，绝不能错过，所以他想尽一切办法四处借钱，凑齐了足够的资金，成为该公司的合伙人。几年之后，他不仅把所借的款项都还了，还获得了丰厚的利润，并成为该公司的股东。随着公司不断地发展，他也随之财源广进。而回过头来看看甲青年，虽然在几年之后赚了一定的钱，但却失去了这个绝好机会。

可见，机会对于每一个人都是平等的，当机会降临的时候，你稍微的疏忽和彷徨，无异于是把机会拱手让给别人。有的机会错过了还可以再来，但有的机会错过了一次，便错过了一辈子。犹太人知道，瞬时性是机会的一个显著特征，由于机会稍纵即逝，往往不好掌握，因此要果断抉择，迅速出击。

08 把运气变成机会

绝不能因为一件伤心失望的事，就此摒弃生活中一切有价值的东西。

富翁家的狗不小心走丢了，于是在电视台发了一则启事："本人丢失一条狗，如有拾到者，请速归还，付酬金一万元。"并有一张小狗的照片充满大半个屏幕。启事发出后，送狗的人一个接着一个，但都不是富翁家的。富翁太太说，肯定是捡到狗的人嫌酬金太少，那可是一只非常名贵的狗啊！于是富翁把酬金改为两万元。

一位乞丐捡到了那只狗。乞丐没有及时地看到第一则启事，当他得知把这只小狗送回去就能够得到两万元酬金时，心里非常高兴，因为他从来没有见过这么多钱。

第二天一大早，乞丐就抱着狗准备去领那两万元酬金。当他经过一家大百货公司的墙体屏幕时，又看到了那则启事，不过酬金已由两万元变成了三万

第四章
创业就是人生的博弈

元。乞丐停住了脚步,心想:时间相隔不长,酬金又增多了,如果我再等几天,说不定能得到更多的钱。他改变了主意,于是又返回他的破房子,把狗重新拴在那儿。第四天,赏金果然又增加了。

在接下来的几天时间里,乞丐没有离开过大屏幕,当酬金涨到足够高的时候,乞丐返回他的房子。然而不幸的是,那只狗已经死了,因为这只狗在富翁家吃的是烧牛肉和鲜牛奶,根本就不吃乞丐从垃圾筒里捡来的食物。

乞丐当然渴望财富,但是他没有抓住这个机遇,所以只有看着它溜走了。

犹太商人对生意场上的每一个细节都非常留意,善于把运气变成财气。曾经确有一家犹太人经营的服装公司——"列瓦伊·施特劳斯公司",靠运气促成服装业的一场革命——牛仔裤的风行。

"列瓦伊·施特劳斯"这个名字已经进入英国辞典,公司的产品在国际上日益流行,因此公司的发家史也几乎成了神话般的传说,而列瓦伊·施特劳斯就是这个公司的创始人。

犹太人在服装行业一直处于支配地位,他们生产的服装曾经占据着美国男装市场的85%、女装的95%。19世纪中叶,美国加利福尼亚一带曾出现过一次淘金热,年轻的列瓦伊·施特劳斯也去了加利福尼亚,但已经太晚了,从沙里淘金已到了尾声。

列瓦伊·施特劳斯去的时候,随身带了一大卷斜纹布,想卖给制帐篷的商人,赚点钱做资本。到了那里才发现,很多人整天同泥和水打交道,裤子坏得非常快,他们需要耐穿的裤子,而对帐篷的需求却不是那么迫切。于是,列瓦伊·施特劳斯用这卷斜纹布制作了一批牛仔裤,并大受欢迎。后来,为了增强口袋的牢度,他又在裤子的口袋旁装上了铜纽扣。很多服装商看得眼红,争相仿效,但列瓦伊·施特劳斯的企业的销售额一直排在首位,每年约售出这种裤子100万条,营业额达5000万美元。

列瓦伊·施特劳斯一直是单身,他去世后,四个外甥接管了公司。由于他们的不懈努力,公司继续向前发展,业务范围不断扩大,开始经营呢绒、裤子、毛巾、被里、床单和内衣。到第二次世界大战结束,这些商品的营业额已将近总营业额的一半。1946年,列瓦伊·施特劳斯的曾外孙瓦尔特·哈斯·耶尔决定将公司的全部资金用于生产牛仔布料。

用新布料生产的牛仔裤特别有助于显示出人的体形,让人青春焕发,上市后立刻受到了消费者的欢迎。进入20世纪60年代后,瓦尔特·哈斯耶尔的生意更加红火。一方面,因为"第二次世界大战"结束后,人口出生出现高峰,而60年代,这一代人踏上了社会,一时间,整个美国社会洋溢着一股青春的气息,年轻人也成了消费市场的主体,具有青春气息的牛仔裤自然极有市场。另一方面,60年代的人具有叛逆思想,传统规范和价值观念受到怀疑、抨击和唾弃,而牛仔裤以其不拘形式这一最明显的特点,成了最能体现

第四章
创业就是人生的博弈

时代潮流的服装。

这场服装革命对社会的影响很大，它从不同方向使服装不再能显示穿着者的身份。如果说，原先批量生产的服装使一个公司的推销员穿得像老板一样，而牛仔裤则使老板穿得像推销员一样，而且牛仔裤男人女人穿得完全一样，是不分性别的。牛仔裤也没有新旧之分，甚至旧的更好。这本来是因为布料容易旧，但公众由于过于喜爱牛仔裤而把它的缺点一起喜爱上了。"生产旧裤子，甚至破裤子"的工厂由此而出现了，那经过褪色、磨损和打过补丁的牛仔裤，销路却更好，价格也不低。

就此而论，瓦尔特·哈斯·耶尔的这一冒险之举本意只不过是利用服装行业的一般冒险行为而把它加以扩大。难能可贵的是他的这一冒险竟抓住了一个延续半个世纪还方兴未艾的大时尚，如果从列瓦伊·施特劳斯的第一条牛仔裤算起，已经近一个半世纪了。时至今日还能为广大消费者所接受、所喜爱，不能不说是一个巨大的成功。

有人曾说过这样一句话："机会是上帝的别名。"想获得机会，就必须作出一定的牺牲，这种牺牲包括时间、收入和享受，等等，随时做好准备，当机会出现时，迅速出击，将它抓住。有的人往往靠运气创业致富，而运气不是机会，不能混淆，否则就会导致判断错误，给自己带来损失。

在致富的过程中，对机会和运气要有一个清醒的认识。我们不排斥运气，但是更重要的还是运用自己的智慧，挖掘蕴藏在生活中的机会，只有这样，你才能获得成功。

09 勤勉的人能达到最大限度的成功

在一切大事业上，人在开始前要像千眼神那样观察时机，而在进行时要像千手神那样抓住时机。

犹太人认为，勤勉和成功是相辅相成的，业精于勤而荒于嬉。虽然勤劳并不一定能获成功，但人们只要能够辛勤工作，就能够获得个人最大限度的成功。

在犹太人心中，成功的背后定有辛苦。《圣经》中有两句话：

"流泪撒种的，必欢呼收割。"

"那流着泪出去的，必要欢欢乐乐地带禾捆回来。"

犹太人认为，勤勉或懒惰不是天生的，很少有人一生下来就是辛勤的工作者，也很少有人是天生的懒虫，大多数人的勤勉或懒惰都是后天的，是习性所致。此外，孩童时期的家庭环境，以及所受的教育，也都有很大的影响。勤勉有两种：一种是外力强迫的勤勉，另一种是发自内心的勤勉。

第四章
创业就是人生的博弈

在贫穷的时代里,犹太人在条件非常恶劣的环境中,从事长时间的劳动,否则,便无法维持生活。犹太人认为这是自愿的勤勉。

犹太人在埃及受奴役期间,曾经长时间从事田里的工作,劳动强度非常大。但是,辛勤工作的结果并没有使他们的生活获得改善,这是因为这些"辛勤"是由于外力强迫之故。如果是外力所强迫的勤勉,是永远无法获得成功的。

外力强迫的勤勉对人自身不会有作用,因为一旦外力消失,这种勤勉就会荡然无存。自愿的辛勤较易产生出自己的东西,从而逐步培养自己。久而久之,就能确立一个完完整整的自我。

有这样一个故事:

古罗马皇帝哈德良看见一个老人正在费力地种植无花果树。他问老人道:"你是否期望自己能够享受果实?"

老人回答说:"如果我不能活到吃无花果的时候,我的孩子们将会吃到,或许上帝会特赦我。"

"如果你能够得到上帝特赦而吃到这树的果实,"皇帝对他说,"那就请你告诉我。"

时光流逝，果树果然在老人的有生之年结出了果实，老人装了满满一篮子无花果来见皇帝。见到皇帝时，他解释说："我就是你看见过的那个种无花果树的老人，这些无花果是我劳动的成果。"

皇帝命他坐在金椅子上，把他的篮子装满了黄金。

可皇帝的仆人反对道："您想给一个老犹太人那么多荣誉吗？"

皇帝回答说："造物主给勤劳的他以荣誉，难道我就不能做同样的事吗？"

后来，老人有一个懒惰的邻居，他妻子听了老人的故事，她对丈夫说："皇帝爱吃无花果，给他点无花果，他就会给你金子。"

丈夫听从了妻子的话，也拿了满满一篮子无花果来到皇宫，要求换取金子。

仆人报告皇帝，皇帝大怒："让这个人站在皇宫门口，每个进出的人都向他脸上扔一个无花果。"

黄昏时，这个可怜的人被送回了家，浑身又青又肿。"我要把我得的全给你！"他冲妻子喊道。

在犹太人看来，懒惰使人一事无成，上帝和人们都是奖赏勤勉的人的。

犹太人有一句发人深省的谚语："成功和失败都是习惯。"

因此，犹太人的生存之法是培养勤勉的习惯，因为这才是成功的关键。

第四章
创业就是人生的博弈

10 不为暂时的
　　失败所打倒

成功，就是以不息的热情，从失败走向成功。

自犹太民族诞生起，灾难和痛苦便紧紧地追随着犹太人的脚步。这使得每个犹太人心中都潜藏着一份无法化解的忧患意识。

正是这种忧患意识塑造了犹太民族不可动摇的信念，他们相信明天，相信努力奋斗会带来光明的结果。

犹太民族具有罕见的向逆境挑战的勇气和毅力，这既是这个民族的独特性格，也是使其生存至今的一个重要因素。犹太人喜欢对自己说：我必须勇敢，并且要充分利用自己所具有的优良的素质；活下去，要生存，要认识自己，要行动；我最大的敌人便是恐怖、谨慎、懦弱和胆怯。

这种生存意志正是犹太人苦难人生中生生不息、不断进取的智慧之源。

犹太女作家戈迪默无疑是犹太民族的骄傲。她是25年来第一位获诺贝尔奖的女作家（1991），也是诺贝尔文学奖设立以来的第7位女性获奖者。然而，这份荣誉是她用40年的心血和汗水浇铸的，这当中，她多次面临困境与失败，但她从不沉沦，毫不气馁。

1991年10月3日，一个平淡无奇的日子，但是这一天对于南非犹太女作家戈迪默来说，却是非同寻常的一天。这一天，她获得了1991年度的诺贝尔文学奖。

戈迪默于1923年11月20日出生在约翰内斯堡附近的小镇——斯普林斯村。犹太移民的后裔，母亲是英国人，父亲是珠宝商，富裕的家庭造就了小戈迪默对生活无限的憧憬和遐想。

6岁那年，她抚摸和凝视着自己纤细而柔软的躯体，幻想做一名芭蕾舞演员，她从剧院里得知，舞蹈生涯最能淋漓尽致地表现人的修养和思想情感，也许这就是她追求的事业。于是，她报名加入了小芭蕾剧团。事与愿违，由于体质太弱，她对大活动量的舞蹈并不适应，小戈迪默最终被迫放弃了这个梦想。

遗憾之余，这位倔强的女孩暗暗发誓：条条大道通罗马，她终究要找到适合自己的成功之路。

然而，命运不但没有赐福给她，反而把她逼向越发痛苦的深渊。

8岁时，她又因患病离开了学校，中断了学业，她只好终日坐在床上看课本了。一个明媚的夏日，心烦意乱又十分孤独的戈迪默，偷偷地走上了大街，想从车水马龙的街面上获取一点快乐。突然，她被一块不大不小的木牌所吸引，久久不愿离开："斯普林斯图书馆"！早已将课本读熟了的她，最渴望的莫过于书。

此后，她一头扎进了这家图书馆，整日与书为伴。图书馆下班铃响了，她偷偷地钻在桌子底下，等图书馆的大门确实锁上了。她才钻出来，在这自由自在的王国里，她尽情而贪婪地吸吮着知识的营养。无数个日夜，使她对文学产生了浓厚的兴趣。终于她那嫩弱的小手拿起了笔，一股股似喷泉一样的情感流淌在了白纸上。那年，她刚刚9岁，文学生涯就此开始。15岁时，她的第一

第四章
创业就是人生的博弈

篇小说在当地一家文学杂志上发表了。

1953年，戈迪默的第一部长篇小说《说谎的日子》问世。

优美的笔触，深刻的思想内涵，轰动了当时的文坛。戏剧界、文学界几乎同时将关注的目光投向了这位非同一般的女作家——内丁·戈迪默。

如脱缰的野马，戈迪默的创作一发不可收拾。漫长的创作生涯，她相继写出10部长篇小说和200篇短篇小说。多产伴着上等的质量使她连连获奖。1961年，她的《星期五的足迹》获英国史密斯奖。1974年，她又获得了英国的文学奖。

创作上的黄金季节，使戈迪默越发勤奋刻苦。她说："我要用心浸泡笔端，讴歌黑人生活。"满腔的热忱很快就得到报答。

她的《对体面的追求》一出版，就成为代表之作，受到了瑞典文学院的注意。

接着，她创作的《没落的资产阶级世界》《陌生人的世界》和《上宾》等佳作，轻而易举地打入诺贝尔文学奖评选的角逐圈。然而，就在她春风得意、乘风扬帆之时，一个浪头伴一个漩涡，使她又几经挫折——瑞典文学院

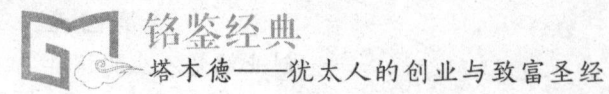

几次将她提名为诺贝尔文学奖的候选人,但每次都因种种原因而未能如愿以偿。

面对打击,这位作家感到失望。她曾在自己的著作扉页上,庄重地写下:

——内丁·戈迪默,诺贝尔文学奖,然后在括号内写上"失败"两字。然而,暂时的失败并没影响她对事业的追求,她一刻也没放松文学创作。终于,她从荆棘中闯出了一条成功的路。

11 不失时机地
　　展示强项

一个人如果不到最高峰,他就没有片刻的安宁,他也就不会感到生命的恬静和光荣。

《塔木德》中有不少介绍拉比"强项"的故事。

有个安息日的下午,罗马皇帝去拜访一位亲密的拉比。

皇帝虽然事先没有同拉比打招呼,但他在拉比家里还是过得很愉快。吃晚饭时餐桌边上还有人合唱圣歌,或谈些塔木德上的事。

皇帝十分高兴,主动表示星期二还要来访问。

第四章
创业就是人生的博弈

等到星期二皇帝来时，人们事先已经做好了准备。最好的食具摆了出来，安息日时休息的仆人现在也出来侍候，上次因厨师休息只好吃冷菜，这次却有很多热的菜肴点心。

尽管如此，皇帝觉得还是安息日那天吃的东西有味道，便问拉比："上次菜里用的到底是什么香料？"

拉比回答说："罗马皇帝没有办法拿到那种香料。"

皇帝却自负地说："不可能，罗马的皇帝不管什么香料都可以弄到手。"

拉比说："只有'犹太安息日'这种调味料是不管罗马皇帝你怎样使劲也弄不到手的。"

拉比这句话的意思很明显，表达的是犹太人不畏强权的意志。安息日的全套礼仪器具食物是犹太民族传统的象征，不可能听从罗马皇帝的颐指气使。

差不多也是在这个时期，一次，有个拉比来到罗马，正好看到街上新贴出了一张布告，上面写着：

"王妃最近遗失了一副价值连城的首饰。如有人在30日内找到送还，将予重赏；逾30日后被发现持有此物者，将处以极刑。"

后来，这位拉比于无意中发现了这副首饰。不过，他没有立即送还王妃，而是一直等到第31日，才来到王宫，当面送还。

王妃喜悦过后，问他："30天前贴出布告时，你有没有在这里？"

拉比回答说："我在这城里。"

王妃脸色一变："过了30天才送来，你知道这么做会有什么后果吗？"

拉比坦然地回答道："我知道。"

王妃更觉奇怪："那你为什么要到今天才送来呢？如果昨天送来的话，还可以得到重赏，难道你不爱惜自己的生命？"

拉比凛然说道："如果有人在30天内送还的话，王妃会认为这个人是畏惧王妃呢，还是对王妃有敬意？我想告诉人们的是，我到今天才送还，绝不是畏惧王妃，我所畏惧的乃是神。"

王妃闻听，连忙改容，说道："那么，我应该对畏惧这种伟大的神的你表示深深的敬意。"

看了这则故事，令人有这样一种感觉，似乎拉比们完全不是读书人的斯文模样。即使不像高吟着"风萧萧兮易水寒，壮士一去兮不复返"的荆轲，因为他们不动刀动枪的，那至少也像击鼓骂曹的那个狂士祢衡。不愿意领王妃之赏，这可以理解，但公然到王妃面前以"强项"示威，似乎有点太不顾惜自己的那根"强项"了。

不过，再仔细一想，便可以发现，拉比不但确实"强项"，而且非常聪明地选择了一个非常适当的场合来展示自己的"强项"。

第四章
创业就是人生的博弈

罗马人对犹太人的"强项"不是不知道,不是没有机会领教。

罗马人最终将犹太人全部逐出巴勒斯坦,实际上也等于表明,他们对这个强项民族是别无他法了。

犹太人处在这样一个信奉暴力的民族的统治下,要想维持一定程度的独立和自主,只能坚持自尊自强,从心理上就让对方有所准备并有所让步。拉比的这番作为,就是彰显民族尊严的表演。

不过,这种表演不能贸然进行。过分的刚硬难免失于脆弱。犹太民族2000年散而不亡的经历表明,这个民族有着非凡的韧劲。在这里,这种刚中带柔的韧劲就表现在拉比毕竟还是把首饰送还给了王妃。

这意味着,王妃的布告是得到认可的。拉比归还首饰,无论从面子上还是实利上,王妃都是有所得的。而拉比则恰恰借王妃有所得时的心境,借神示威,来展示民族的刚烈之气。

1967年阿以"六五"战争期间,曾发生过一件极为蹊跷的事情。6月8日下午,美国军舰"自由号"在西奈半岛以西15英里之外航行,却遭到以色列飞机和鱼雷艇的猛烈攻击。

那天,从早晨6时起以色列飞机就不断对这艘通讯船进行侦察。在知道它是美国军舰的情况下,仍于下午2时多次出动飞机对它进行扫射,投掷凝固汽油弹。最后,再配合以3艘鱼雷艇施行鱼雷攻击,大有非击沉"自由号"不可的意思。

当时,"自由号"被打得遍体鳞伤,设备严重被毁,船员死亡34人,负伤达171人,好在没有沉没。

有意思的是,以色列海空军的攻击停止不久,以色列政府便照会美国政府,把整个事件解释为一场误会,并表示歉意。美国政府"欣然"接受了这种解释,并把这一事件真相掩盖了下来,以致十几年后,对许多美国人来说,这一事件及其背后的政治意图,仍然是一个谜。

实际上，美国政府很清楚，以色列的这一举动，并非当时以色列人所说的"杀红了眼"，而是传达了一个明白无误的信息，显示了以色列人敢于向一切作为敌方出现在当时战场范围内的军队开火的决心。

当然，这一信息首先不是传递给美国盟友，而是传递给阿拉伯国家的盟友——苏联。因为苏联领导人此前曾多次表示将以武力干预中东局势，迫使以色列就范。

于是，以色列人便借西奈半岛上战火正烈之机，借攻击"自由号"为契机向苏联领导人展示其"强项"的态势。美国政府正是对以色列人的弦外之音心领神会，为"共同事业"才心照不宣地把这件事"大事化了"了。

那么，苏联领导人又怎样呢？既然被袭击的不是他们的军舰，自然不便多说，即便幸灾乐祸，恐怕也心中有数。但不管他们是什么样的心情，其中必定少不了掺有几分罗马王妃的那种"敬意"。

第五章
商战中的不败神话

　　历史缔造了犹太人商业发展中的"神话"。犹太人在商业活动中把握信息、借助外力、了解对手的智慧和方法，令人瞠目，从而使得生意成功，事业飞跃发展。无论身处何方，犹太人都能在商业发展中占有一席之地。

01 抓住信息赚大钱

我们所知道的最好、最可靠、最有效而又最无副作用的兴奋剂是社交。社交中可以获取大量的信息。

对于一个长时期缺乏保障的民族来说，有时一个信息就可能决定生死存亡。由这样的传统出发，犹太商人形成了对信息的高度重视与敏感。当今社会是信息社会，关注信息就是关注金钱，一个重视信息的商人必定会取得成功。信息在这个时代成为一种不可忽视的力量。在商海中搏击，要学会收集信息，掌握各方面的知识。当面临抉择的最后时刻，利用及早掌握的信息，以资料为依据，发挥正确的推理判断能力。

战场上用兵打仗，要了解敌人的情报信息；商人在激烈的市场竞争中决策，也要以情报信息为基石。

犹太人认为信息对于经商的成败具有决定性的作用，因此他们很早就开始运用自己掌握的信息赚钱了。在《塔木德》中有这样一句富有哲理的话："即使是风，只要用鼻子嗅嗅它的味道，你就可以知道它的来历。"

第五章
商战中的不败神话

菲利浦·亚默尔是亚默尔肉类加工公司的老板,他有每天都看报纸的习惯,虽然他有忙不完的生意。

1875年初春的一个上午,他和往常一样坐在办公室里看报纸,一条不显眼的不过百字的消息引起了他的注意:瘟疫在墨西哥出现。

亚默尔顿时眼前一亮:如果瘟疫出现在墨西哥,就会很快传到加州、得州,而北美肉类的主要供应基地是加州和得州,一旦这里发生瘟疫,全国的肉类供应就会立即紧张起来,肉的价格也会迅猛增长。

他马上派人去墨西哥进行实地调查。几天后,调查人员回电报,证实了这一消息的准确性。

亚默尔心里有了底,他放下电报,马上着手筹措资金大量收购加州和得州的生猪和肉牛,运到离加州和得州较远的东部饲养。两三个星期后,西部的几个州果然出现了瘟疫。联邦政府立即下令严禁从这几个州外运肉类食品。北美市场一下子肉类奇缺、价格暴涨。

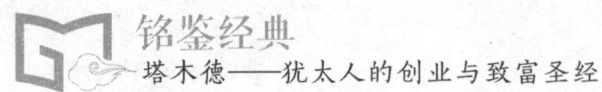

亚默尔认为时机已经成熟,将囤积在东部的生猪和肉牛高价出售。仅仅三个月时间,他就获得了900万美元的利润。

由于亚默尔长期看报纸,重视信息,所以他抓住机会获得成功。他手下有几位专门负责收集信息的人员,都有很高的文化水平,丰富的管理经验。他们每天把全美、英国、日本等世界几十份主要报纸收集到一起,将每份报纸的重要信息一一分类,并且对这些信息作出评价,最后才由秘书送给亚默尔。

如果亚默尔认为哪条信息有价值,就会把他们召集在一起,对这些信息进行研究。这样,由于他掌握准确的信息而使生意屡屡成功。

前面提到的伯纳德·巴鲁克也是借助信息成功的例子。

信息是这个时代的决定性力量,及时拥有信息的人,就等于拥有了财富。信息是财富的领路人。

02 忠实于商人伦理

千百年来遵循的商业伦理一旦打破,必得到"上帝"的惩罚。

社会上普遍认为:犹太人是金融界的强者。当然,并不是全体犹太人都

第五章
商战中的不败神话

从事金融业,然而,犹太人在美国的金融界有极大的影响却是不争的事实。但强者也会犯错误。

下面介绍一位金融业界的大人物,所罗门·布拉藻兹公司的中兴之祖约翰·古特弗洛茵特。所罗门·布拉藻兹公司是于1910年由所罗门三兄弟创立的。成立之初至20世纪50年代,该公司只从事承销美国联邦政府发行的债券和州政府发行的地方债券的业务,并不为人所注目。到了60年代,所罗门·布拉藻兹公司改变经营方针,开始积极地承揽股票发行业务,力求发展壮大。

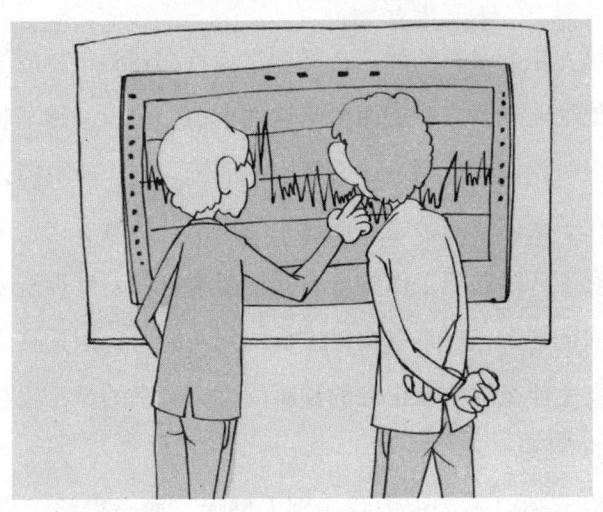

所罗门公司采取积极的进攻战略,每逢股票发行,他们就全盘购买;政府发行债券,则按照规定限额大量买进,以此达到掌握交易主导权的目的。

1981年美国的债券市场一天的成交额大约是280亿美元,到了1990年,就迅速增长为每天1180亿美元。而1983年所罗门公司实质的证券保有额是平均每天79亿美元,还有将近两倍的债券和股票的库存,加上资本金和准备金,简单地计算一下,该公司约可支配美国债券市场的25%。

1983年,所罗门公司成长为紧随摩根·斯坦利、古德曼·萨克斯之后的世界上第三大投资银行。这一年,所罗门公司的资本调度额达到了160亿美元。

1990年，该公司的总资产达到1098亿美元。仅仅是资产额就几乎相当于同年日本国家财政预算的四分之一。

公司能发展成如此规模，是与其核心领导人——直到1991年8月仍然担任董事长的约翰·古特弗洛茵特（1929年出生）分不开的。

约翰·古特弗洛茵特于1951年就读于奥拜林大学，学习美术专业，此后两年参加了朝鲜战争。回国后，在朋友的劝说下进入所罗门公司，担任地方债的见习生。在当时，证券业是一个即便非经济学和经营学专业的人也可以进入的二流行业。

由一个见习生起步，约翰·古特弗洛茵特在1963年就成了所罗门公司的合伙人，可见他绝非平庸之辈。而对于这件事情，他用一种平和而谦逊的语气这样说道："当时我没有受到过什么特别的训练，进入所罗门公司的时候，一下子就被安排在了老前辈的旁边，通过不断摸索，熟悉了这项工作。当然，我认为证券行业对于从事这项工作的人有几项要求：一是计算能力强；二是有不会犯同样错误的记忆力；三是有快速应变的判断能力；四是有广大的情报网；五是对于将要发生什么事情有正确的预测能力。所幸的是，我在这些方面的资质得到了老天的眷顾。

我之所以成功，不是因为我比别人健谈，而是得益于我所拥有的广大的人际关系网，我有比别人更多的消息来源。除此以外，我追求最优的抉择。于是，买与不买、卖与不卖，非常明确。现场交易只是一种瞬间的赌博。从这个意义上看，我的主要手段就是判断能力和人际关系。"

正如古特弗洛茵特所说，要想在证券业界获得成功必须具备他所说的那些最基本的天资和条件。他也正是运用这些能力，使所罗门公司成为世界上最大的证券公司。

但可悲的是，同样由于轻视了他所肯定的判断能力和人际关系，1991年，古特弗洛茵特从他的地位上滑落下来，失去了他往日的所有荣光。

第五章
商战中的不败神话

1991年4月,约翰·古特弗洛茵特对他的部下在同年2月购买美国国债时进行的不正当交易漠然置之,并拒绝向SEC(美国证券交易委员会)和财务部进行书面报告和谢罪。

他的公司不仅违规滥用顾客名义,一次性大量买进超过限额35%的国债,并且对在国债发行日进行交易超过两亿美元的事实隐瞒不报。从1990年12月到1991年5月期间,他的公司还曾经4次采用不正当手段购买国债。

虽然这些事不是古特弗洛茵特的直接行为,可是事件的参与者都是他的嫡系部下。因此,他对于此事毫无所知的借口是不能成立的。

1991年6月22日,真相大白于天下。在这之后不到两个月的时间里,该公司的古特弗洛茵特董事长、托马斯·施特劳斯总经理等四名首脑提出辞职。与此同时,在此之前一直是该公司编外职员的沃伦·巴菲特担任了董事长,刚刚从东京出差回国的德里克·蒙担任了总经理。在新的领导人中,没有一个人是犹太人。巴菲特刚刚就任董事长不久,就通知被迫辞职的前公司领导,公司将拒付他们的退休金,甚至禁止他们无偿使用公司的设备。

可见,犹太人在对金钱、对信誉、对契约的态度绝非是没有必要。他们认为千百年来遵循的商业伦理一旦打破,必得到"上帝"的惩罚。千里之堤,溃于蚁穴,一个在金融证券业呼风唤雨的人物,却因犯了不该犯的错误而一败涂地,实在令人惋惜,但这也是商业社会的必然。

03 做最坏的打算
　　争取最好的结果

　　种子不落在肥土而落在瓦砾中,有生命力的种子绝不会悲观和叹气,因为有了阻力才有磨炼。

　　做好最坏的打算是犹太民族谈判智慧中很重要的一环。谈判不可能每次都成功。有些谈判虽经双方共同努力,但终因差距过大而归于失败。对于不可避免的失败,应该提前预备好对策,防患于未然。因此,在谈判前一般要有一个最坏的打算,详细罗列各种可能出现的情况,及应对之策。避免自乱阵脚给对方以可乘之机。

　　预备好失败是一种面对现实的务实态度,并不是给自己泄气,而是消除自己的后顾之忧,也就是所谓的"置之死地而后生"。有了这种意识,才会行动从容,决策果断。顺利时,不会被胜利冲昏头脑;失败时,仍能保持重新站起来的能力。所以,预测失败的可能情形,并拟订好对策,也是高明的谈判术之一。

　　犹太人乔费尔与三洋公司的谈判即将开始。乔费尔与律师经过商议后,

第五章
商战中的不败神话

决定围绕三洋公司草拟的合同展开谈判策略。

置之死地而后生

在三洋公司提出的合同草案中,有一条是关于将来双方发生纠纷的仲裁问题,三洋公司提议在大阪进行仲裁,解决纠纷。需要说明的是,代理销售这一类的合同发生纠纷的原因,一般是拒付货款或产品有质量问题。一旦出现纠纷,双方最好通过直接协商解决,打官司是万不得已的办法。当然,还有一种方式是事先在合同中明确约定双方都认可的仲裁机关。仲裁和诉讼的目的虽然相同,但结果却不同。无论仲裁在哪个国家进行,其结果在任何一个国家都有效;而判决就不同了,因为各国的法律不同,其结果也只适用于该判决国。也就是说,日本法院的判决在荷兰形同废纸,荷兰法院的判决在日本也一样。

乔费尔的思考重点是,本合同是否可能发生纠纷?发生纠纷的原因是什么?究竟是进行仲裁还是提出诉讼对己有利?

由于草案中双方议定的是先发货后付款，那么一旦货物有质量问题，乔费尔完全可以拒付货款，三洋公司就会以货物符合要求而提出仲裁。这样，在日本仲裁对乔费尔就会非常不利，但若将仲裁地改在荷兰，三洋公司自然反对，为此乔费尔提出如下主张：

"我们都知道仲裁的麻烦，都不愿意涉及仲裁。但为了以防万一，不妨就请日本法院来判决。"这就是乔费尔的圈套和策略。假如双方一旦出现纠纷，日本法院的判决在荷兰没有效力，即使是打赢了官司，也根本执行不了，而且，将来真的出现纠纷，乔费尔干脆不出庭都可以，连诉讼费都省下了，若这一提议能通过，乔费尔自然占上风。

在这则事例中，乔费尔预备好了失败的对策，从而轻松地规避了麻烦。除此之外，要大胆地正视失败，设法把自己的损失降到最低限度。

04 知己知彼，选择好谈判的时机

一个有智慧的人，才真正是一个无量无边的人。

犹太人在谈生意时注重选择时机，从不在不适当的时间谈生意。事实上

第五章
商战中的不败神话

有很多生意谈判之所以没成功,并不是因为它们不好,也不是因为没努力去执行贯彻,而是执行的人没有选择适当时机。选择时机在谈生意中比任何因素都更为重要,在恰当的时间作出恰当的决定,谈生意的每一进程都要在良好的时机下步步为营,时机把握不牢,你可能还没开始与对方谈生意就已遭到失败,时机可以帮助你赢得生意。

许多生意谈判失败的原因仅仅是因为选择的时机不当。对方有人对一项规划或一笔交易表示反对并不一定是因为他不喜欢这个规划或这笔交易,很可能是因为不为所知的一些因素,对于那个特定的人、那种特定的环境和那个特定的时间而言,那样的主意行不通而已。而你却恰恰选择了这样的时机去和他谈,结果不言自明。

虽然在谈生意过程中你可以控制时机,但应当先从对方那里得到行动的提示。显然,要达到这个目的,你应该做的是倾听而非夸夸其谈,而且要真正听取对方说的话,并且善于理解它。只要掌握得当,你可以获得许多有关时机选择的线索。例如:对方公司出于预算或其他方面的考虑,一年内的某些时间比较能够做出购买的决定。

犹太商人认为要想在谈生意中选择最好的时机出手,必须切记以下三条基本的原则:

1.别轻易脱口而出。对于任何一项提议,应当先花时间去考虑一下,看看当时的形势是否需要某种时机的选择,或者是否可以利用时机的选择得到好处。在没有考虑清楚时,不要轻易地给什么答复。

假如你对对手一无所知,那么,进行交易的谈判所要花的时间会长一些。如果你知道对方接受交易的过程需要历时数月,就不要试图在几个星期之后迫使他做出承诺。

2.别失去耐心。然而,实际上即使我们能使别人照我们的意思行事,也难以做到让他们照我们的进度行事。人和事物总是按照他们自己的节拍运动,所以，延缓追求瞬间能力，调整你自己的时间表以配合别人的节奏。对于谈生意者而言，在选择时机的时候，耐心最为重要。坚持不懈，正如通常所理解的那样，谈生意的数字游戏在于你向对方提出了多少个要求，又多少次耐心地向他们重复要求。耐心和坚持不懈是你谈生意的基本信条。

3.不要懈怠。在得到对方承诺时，谈生意的时机与何时应说什么话、做什么事同样重要。时机的选择就是把这些感官直觉转换为有意识的行动或有意识的静默。

大多数交易似乎都有一个秘密的期限，它总是按照一种预定的程序和进度进行的。一单生意的谈判需要花费的时间，可以是几小时，也可以是几天、几个月甚至几年。正确的时机选择就是依计行事，按部就班。有些人在谈生意时想寻找捷径，因为急于成交，总想压缩时间，或精减某些程序。他们看见了适当的时机选择的标记却置若罔闻，不对形势做正确的引导，必然会得到不愉快的结局。

该出手时就出手——因为已到了出手的最佳时机；同样，该谈生意时就谈生意。最好的谈生意时机找到了，接下来的问题是，应如何利用它在最后签

第五章
商战中的不败神话

订的协议上获得最大的利益。

那么，应该如何利用谈生意的最好时机呢？

1.利用别人愉快的时机。延长、续订或重新签订合同时，千万不要在这份合同即将满期的时候去做，你应该选择对方愉快时去。如果对方得到某个好消息，即使与你无关，但也为你提供了一个良好的时机，这时去向他提要求，大多会畅通无阻。当然，你的要求不能过分。

2.利用对手倒霉的时机。别人倒霉或不幸之时，能为你创造各种各样的机会，正如你应该趁当事人最愉快的时候来续订合同一样，你应该在潜在客户对你的竞争对手最感不满时跟他达成一份合同。

3.你最好的交易对象是新上任或快要下台的人。新上任的人急于表现，巩固地位，并通常被赋予充分的行动自由；即将离任的人，因为自己将放弃权力，也不再斤斤计较。

4.运用非常时期的时机。在非上班时间、深夜或周末期间打电话，往往会有较大的效果。你一定要这样开头："这件事太重要了，所以，要在这个时间告诉你。"

5.花时间去缓和威胁。选择时机是缓和对方要求的最好办法。利用时机迫使对方做出答复，要做得使人听起来不那么生硬。

6.利用忙人的注意力。比较繁忙的人，他的注意力不会长时间地停留在某个问题上，所以你必须直来直去，并给他机会让他说，否则你只会引起别人的抵触情绪或心不在焉。

7.对事情的轻重缓急必须有个清楚认识。如果你讨论的问题很多，或者你要让对方接受的主意和项目很多，那就一定要分清主次，为最重要的问题留下充分的谈判时间。有时机却不会充分利用，仍然对谈生意不在行！这是犹太商人的忠告。

169

05 适当示弱好处多

适当的示弱能使处境不如自己的人保持心理平衡,有利于交际。

精明的犹太人做起事来总是让人感到不可思议,有些时候,他们公开承认自己的短处,把自己某些方面的弱点有意暴露出来,采取这种方式来赢得交际方面的优势。其实,犹太人的这种示弱也是一种高明的交际策略。

事业的成功者,生活中的幸运儿,所以,适当的示弱能使处境不如自己的人保持心理平衡,有利于交际。

聪明的犹太人总会给别人一种"他们并不聪明"的错觉。在犹太人的群体中很少听到"我要证明给你看"之类的话,他们认为这些话实际上是在挑衅,会让别人产生厌恶之情,对事态的发展不利。在双方冲突之时,想改变对方观点几乎不可能。所以,顺从对方的意思,可能会收到更好的效果。

拿破仑的家务总管康斯坦在《拿破仑私生活拾遗》中写到,他常和约瑟芬打台球:"虽然我的技术不错,但我总是故意输给她,这样她心里就会高

第五章
商战中的不败神话

兴。"我们从中可以得到一个启示：让我们的顾客、朋友、丈夫、妻子在琐碎的争论上赢过我们。

林肯有一次斥责一位和他人发生激烈争吵的青年军官说："任何决心有所成就的人，一定不会在私人争执上浪费时间。争执的后果，不是他所能承担得起的。而后果包括失去自制、发脾气。要在跟别人拥有相等权利的事物上，多忍让一些；而那些显然是你对的事情，就让得少一点。与其跟狗抢道，被它咬一口，不如先放它过去。因为就算是你把它杀了，也不能把你的咬伤治好。"

有位叫欧·哈里的爱尔兰人，受的教育不多，总喜欢和人抬杠。他当过人家的汽车司机，后来因为推销卡车并不成功，来求助于卡耐基。

在听完他的诉说后，卡耐基就找到了症结所在：如果对方指出车子的毛病，他就会毫不客气地和对方辩论。

欧·哈里承认，他在口头上的辩论很少输过，但却因此失去了很多的顾客，他说："在走出人家的办公室时我总是对自己说，我总算出了一口恶气，整了那混蛋一次。我的确整了他一次，但我却没能把东西卖给他。"

卡耐基告诉他如何自制，适当示弱。

后来，欧·哈里成了一名成功的推销员，下面是他说的一段话：

"如果我现在走进顾客的办公室，而对方说：'什么？怀德卡车？不好！我要的是何赛的卡车，就算是把你的卡车送给我，我也不会要。'我会说：'何赛的货色的确不错，买他们的卡车不会错，何赛的车是优良产品。'这样他就无话可说了，没有抬杠的余地。如果他说何赛的车子最好，我也会说好，他只有住嘴了。他总不能在我同意他的看法后，还老是抱着'何赛车子最好'的观点说一下午吧。接着，我们不再谈何赛，而我就开始介绍怀德的优点。当年若是听到他那种话，我早就忍不住了，会马上对他进行回击，我会不断地挑何赛的错，而我越挑剔别的车子不好，对方就越说它好。争辩越激烈，对方就越喜欢我竞争对手的产品。现在回忆起来，觉得以前的推销工作真是太失败了！以往我在抬杠上花了很多时间，现在我守口如瓶了，果然有效。"

伽利略说过："你不能教人什么，你只能帮助他们去发现。"由此可见，适当示弱也是一种交际技巧。

同时，泰德·罗斯福也说过："如果你的判断有百分之七十五是对的，行事便可以达到最高的期望。"

犹太人认为，如果像这样一位杰出人物的上限是这个标准的话，那么能达到这个高度便可以到华尔街去淘金了。如果你不能确定自己的判断是否有百分之七十五是正确的，又有什么资格去经常指责别人的错误呢？

人们在交往中，指责别人的错误可以利用眼神、音调或是手势，这和言辞表达的结果一样，对方如果不同意这种态度，就只能反击，而不是改变观点。

第五章
商战中的不败神话

所以，交际中必须善于选择示弱部分。成功者在失败者面前多说自己失败的地方、现实的烦恼，给人以"成功并非易事"的感觉；地位高的人在地位低的人面前尽量展示自己平凡的一面，让人感觉你也是一个平凡人；对眼下经济收入不如自己的人，可以对他说说自己的难处，例如子女学业不好、身体欠佳等，让对方感到你也有很多难事；某些专业上有一技之长的人，最好宣布自己在其他方面一窍不通，把自己在日常生活中闹过的笑话说出来等。至于那些完全因偶然机遇或客观条件侥幸获得成功的人，更应该直言不讳地承认自己只不过是侥幸罢了。这些都是"示弱"的表现。

同时，示弱有时还要表现在行动上。自己在事业或其他某些方面即使有和别人竞争的实力，也要尽量回避。也就是说，一些小名小利应淡薄些、疏远些，因为很多人已经把成功者当成了自己嫉妒的目标，应当让出一部分名利给那些暂时处于弱势中的人。以防引火烧身。

有位记者去采访一位犹太富翁，想获得一些关于这位富翁的丑闻资料。然而，还来不及寒暄，这位富翁就对记者说："我们可以慢慢谈，因为时间还很长。"富翁这种从容不迫的态度让记者大感意外。

很快，仆人端来了咖啡，这位富翁端起咖啡喝了一口，立即大叫道："太烫了！"咖啡杯随之滚落在地。等仆人收拾好后，富翁又拿出一支香烟。记者看到，他把烟叼反了，从过滤嘴处点火。记者赶忙提醒富翁："先生，你将香烟叼反了。"富翁听到这话之后慌忙将香烟拿正，没想到在慌乱中却打翻了烟灰缸。

平常挥金如土、趾高气扬的富翁出了一连串洋相，使记者感到很意外，顿时，原来的那种挑战性的采访想法谈不下去了。

其实这些都是富翁一手安排的，当人们发现一个著名人物也有许多缺点时，会消除抵触情绪，对他产生亲近感。

有的时候，表现自己的弱点是被迫的，但是这种示弱方法在犹太人的交

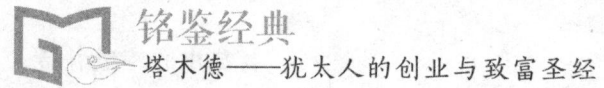

际中,却帮了大忙。

　　交际中,要使别人对你产生好感,只要你把某些无关痛痒的缺点巧妙地、不露痕迹地暴露在对方面前,出点小洋相,表明自己并不是一个十全十美、高高在上的大人物,这样就会使人在与你交往时松一口气,不视你为敌,而你的交际活动也能因此从容不迫、应付自如。

06 把握流行趋势

　　创造能改变人的生活方式,也会引起经济的变动,产生巨大的经济效益。发明创造要利用变化才能成功。

　　如果想使某种商品在社会上流行,就必须掌握其中的规律。流行一般分为两种,一种发源于普通老百姓,另一种则发源于有钱人。发源于普通老百姓的东西一般来势很凶猛,而且流行面广,但持续的时间不是很长。而发源于富人的流行趋势虽然发展较慢,但却能够持续很长的时间。一般从富人普及到老百姓至少需两年时间,而在这两年内一旦把握住流行趋势,就能够从中获取很大的利益。

第五章
商战中的不败神话

俗话说："人往高处走，水往低处流。"大多数人都会羡慕上流社会的生活，并且愿与上流社会的人交往，上流社会中流行的服饰等无疑对一般人具有很大影响，使许多人竞相效仿——尤其是女性，穿上这些衣服更能满足她们的虚荣心。

犹太商人常常能够把握这种流行趋势，为自己赚得更多的钱。

日本的汉堡大王藤田先生除了经营汉堡包外，还做女人和小孩的生意，如钻石、时装、高级手提包等。

在经营过程中，他首先把焦点放在上流社会中有钱人的流行趋势上，无论是钻石的花样、服饰的色彩还是手提包的样式，都是按照有钱人的喜好特制的。结果，他的商品一直处于畅销的地位，而且从没有出现过亏本大甩卖的事。当然，藤田先生之所以能战胜竞争对手，长期立于不败之地，还在于他能够灵活多变，善于从实际出发。他所经营的服饰绝不局限在欧美最流行的服饰上，因为欧美的服饰只适合那些金发碧眼、身材修长的欧美姑娘，而日本的女性黑头发、黄皮肤、个子矮小，和那些衣服搭配起来很不协调。藤田先生的成功，恐怕与他灵活地运用犹太生意经有很大关系。

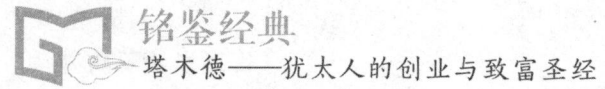

现代市场风云变幻,能够把握一种流行趋势不是一件容易的事情。这就要求生意人在作出一项决策前,必须纵观市场全局,既要能赶上潮流,还要能超前于潮流。因为,人们的需求、市场的行情都是瞬息万变的,今天畅销的产品,也许到了明天就无人过问了。

07 抓住时机,大胆去干

人生成功的秘诀是当好机会来临时,立刻抓住它。抓住时机,立即去做,永远比别人快一步,这是成功者的座右铭。

犹太人认为,经历风险是所有超越平凡、脱颖而出的成功者的必经阶段。所以犹太人在时机面前从不等待,是积极行动的信奉者。

犹太人桑福特·韦尔大学毕业后,多次应征经纪所的招聘,结果都以失败告终。但韦尔是一个有志向的年轻人,绝不向命运低头,很快又投入到新的创业中去。

1955年,韦尔在华尔街当信差,周薪35美元;第二年,他做了股票经纪人;1960年,他和别人一起集资3万美元创办了一家公司;从此,韦尔在华尔

第五章
商战中的不败神话

街开始了他的传奇。

随着业务量的提升，公司逐渐壮大起来，后来韦尔控制了整个公司。他的判断力极准确，目光敏锐，所以能够抓住许多有利时机，大胆去干，从而使自己的事业不断得到发展。

在20世纪70年代，股票行情一直不稳定，股票价格也飘忽不定，较小的经纪所纷纷倒闭关门，但韦尔的经纪所非但没有遭受损失，反而抓住机遇，进一步扩大规模。他不仅乘机吞并了大批较小的商号，而且接管了一部分不景气的大商号。

洛布·罗兹公司的经济实力与韦尔经营的希尔森公司不相上下，也是一家投资商号。然而它的管理方法有些落后，机构不够灵活。韦尔看到这一点之后，就提出与洛布·罗兹公司合并。在合并谈判过程中，韦尔先躲在幕后操纵，然后在关键时刻亲自出马，充分发挥自己的才智，最后取得合并成功。

177

1974年，在韦尔的努力下，希尔森·洛布·罗兹公司宣告成立，它成了华尔街第二大证券公司，并在1981年销售额达到9.36亿美元。

韦尔就是这样既摆脱了困境，又发展了事业，从而巩固了自己在华尔街的经济地位。然而，韦尔并不轻易进行吞并，他常说："涉及合并的谈判，人人都会紧张，因为处处都有陷阱。"

1981年6月，韦尔做出惊人之举，把自己花费了20年时间辛苦创建的希尔森公司出售给销售额为80亿美元的美国捷运公司。但美国捷运公司是一家经营赊账卡、旅游支票和银行等业务的大公司，韦尔刚刚进入这个公司，并不被重用，因此，不少人认为韦尔吃了很大的亏。然而一段时间后，人们就不得不对韦尔的决策叹服。现在韦尔在捷运公司的职位仅次于董事长和总裁，他的个人年收入高达190万美元，股份总额有2700万美元。

当然，韦尔为发展捷运公司也是兢兢业业。在他的一手策划下，捷运公司用5.5亿美元买进了南美贸易发展银行所属的外国银行机构，这家银行机构经营外汇、珠宝贸易、通货市场、银行业务等，因此做成了这桩大生意，不仅是韦尔值得自豪的一件事，而且大大提高了韦尔在捷运公司的威望，使他成为华尔街的热门人物。

由于公司的董事长经常外出办事，所以美国捷运公司的实权掌握在韦尔手中。在韦尔的领导下，公司领导、员工上下一心，团结协作，使捷运公司的利润节节攀升。

韦尔管理有方，突出的一点是善于协调上下级的关系。他常说："领导的责任在于给下级鼓劲。我喜欢和下属和睦相处，倾听他们袒露心声。同样，下级有责任发表意见，及时发现问题，不让问题越积越多，最终达到不可收拾的地步。当领导的要当机立断，不能含含糊糊，使下级无所适从，或让有些人钻了空子。"

从韦尔身上可借鉴的成功经验很多，然而最重要的却是他能够抓住时机，想好了就立即去做。

一个勇敢的人，幸运眷顾他，冒险是表现在人身上的一种勇气和魄力。冒险与收获常常是结伴而行的——危中有利，险中有夷。

"一旦看准，就大胆行动"已成为许多商界成功人士的经验之谈。甚至有人认为，行动是成为成功人士的主要因素，做人必须学会正视行动的正面意义，并把它作为走向成功的唯一条件。

想发财就要有冒险精神，你的想法要超出别人，才有可能获得胜利。冒险就是你要在别人不敢做某事时，放开胆子去做。当别人还不知道希望在哪里之时，你却发现了财运，所谓富贵险中求。

"立即执行！"可以影响你生活的各个方面。它能帮助你去做你所不想做而又必须做的事，同时也能帮助你去做那些你想做的事。它能让你抓住那些转瞬而逝的机会，这些机会一旦失去，就绝不会再回来。

08 善于借助别人的力量

借助别人的力量使自己的能力发挥到最佳效果是成功的捷径之一。

一个人能竭尽自己的能力去完成一项事业，是非常难得的。如果一个人没有自己的奋斗目标，又不肯付出自己的力量去实施自己的计划，那么他难有所成。但是，一个人或一个团体，如果仅靠自己的力量是不够的，特别是在当今社会科学技术高度发达的情况下，社会分工精细，门类繁多，一个人或一个团体所掌握的科学技术知识是非常有限的，即使是最杰出的人物或团体，在某些科学技术及具体工作环节上，也不可能独自完成，必须要借助别人的力量。

就是因为善于借助先进的通信科技和大批懂技术、懂理论的高级人才，犹太人密歇尔·福里布尔才能使其所经营的大陆谷物公司从一间小食品店发展成为一家世界最大的谷物交易跨国企业。密歇尔·福里布尔付出极高的报酬聘请有真才实学的经营管理人才到公司工作，不惜成本采用世界最先进的通讯设备。因此使其公司信息非常灵通，员工操作技巧高超，竞争能力胜人一筹。他虽然为取得这些优势付出了很大的代价，但他借用这些力量和智慧赚回的钱远比他支出的多得多，可谓"吃小亏占大便宜"。

犹太大亨洛维格也是借用别人的力量成就自己伟业的人。

洛维格第一次做的生意只是一艘船的生意。

他让人把一艘沉没海底很久的柴油机动船打捞出来，然后用了4个月的时间将它修好，并将它承包给别人，自己从中获利50美元。这使他很高兴，也很感激父亲能借钱给他，他明白了借贷对于一个一贫如洗的人创业是多么重要。

可是，在创业初期，他总是被债务所扰，屡有破产的危机。就在洛维格行将进入而立之年时，突然来了灵感。他想买条一般规格的旧货轮，然后把它改装成赚钱较多的油轮。但他手里资金不够，为了达到这个目的，他找了几家纽约银行，希望他们能贷款给他，但是都遭到了拒绝，理由是他没有可担保的东西。面对着一次次的失望，洛维格并不气馁，而是有了一个不合常规的想法。洛维格有一艘老油轮，但这艘油轮仅仅只能航行，他将这艘油轮以低价包租给一家石油公司。然后他去找银行经理，告诉他们自己有一条被石油公司包

第五章
商战中的不败神话

租的油轮,可将租金每月由石油公司直接拨入银行来抵付贷款的本息。经过多番努力,纽约大通银行终于答应贷款给他。

尽管洛维格没有担保物,但是石油公司潜力很大,而且效益也很好,除非天灾人祸,否则石油公司的租金一定会按时入账。此外,洛维格的计算十分周密,石油公司的租金刚好可以抵偿他银行贷款的本息。这种奇异而超常的思维使洛维格敲开了财富的大门。

拿到银行的贷款后,洛维格就买下了他想要的货轮,然后动手将货轮加以改装,使之成为一条航运能力较强的油轮。他采取同样的方式,把油轮包租出去,然后以租金作抵押,再到银行贷款,然后又去买船。就这样不断循环,他的船慢慢变多,而他每还清一笔贷款,便有一艘油轮归他所有。随着贷款的还清,那些包租船全部划在他的名下。

在经商的过程中,各种政要的力量也是不容忽视的。

在以色列,想要在商业上获得成功,最重要的一步就是想方设法打听到手握实权官员的姓氏,并进而接近、结识他。你得抽出一点时间,邀请他一块儿喝咖啡,跟他海阔天空地聊天,这也是不可或缺的一环。因为对这些拿月薪的官员来讲,最不缺的就是时间。

这样的个人交际之所以划算,是因为只要他从旁扶你一把,或者点一下头,极为难办的事就轻而易举地解决了。

善于结交政界要人的犹太商人不少,近代的典型人物要算美国的石油巨头约翰·洛克菲勒了。

1890年,俄州最高检察厅厅长华特森指控洛克菲勒的标准石油公司违反了《垄断禁止法》。一时间,双方互不退让,各自聘请全美知名的律师。华特森做好了充分的准备,摆开了生死决战的架势。

华特森剑拔弩张,而洛克菲勒却渐渐放松下来。原来,洛克菲勒的少年好友马克·哈耶悄悄走进了诉讼之中。这位已成为美国医学界最具权威的人物，是连总统见了都要礼让三分的参议员，以鲜明的立场站到了洛克菲勒一边。

当时的总统是共和党的哈里逊，马克·哈耶也是共和党人。马克·哈耶给华特森写了一封信，信中的内容是："我以党的立场给你写了这封信。受到你指控的并不是社会舆论所指责的组织资本，而是给国民带来许多好处的标准石油公司。洛克菲勒是共和党党员，也是该公司的首脑人物，他一直领导着公司参与自由竞争。你的指控是否存在问题呢？"

由于马克·哈耶的帮助，一个经济问题上升到了政治高度。华特森很快撤诉了。

总而言之，犹太人借势操作是其经商的一大诀窍。借助别人的力量使自己的能力发挥到最佳效果是成功的捷径。

第五章
商战中的不败神话

09 为他人着想就是
　　为自己的成功铺路

　　对别人表示关心和善意,比任何礼物都能产生更多的效果,比任何礼物对别人都有更多的实际利益。

　　在犹太商业文化中,"瞎子点灯"是那种主动使对方了解商业逻辑,使彼此成为知己的哲学,其精彩之处在于让对方从自己的利益处着想,从而有力地调动对方。
　　自己考虑得再周密,由于没有同对方达成一致,还会造成某种误会式的冲突。对于这种可能性,犹太人很快就有所体察,并将自己的感悟浓缩在一则极巧妙的寓言中。
　　在漆黑的道路上,有个瞎子提着灯笼在缓缓前行,对面来的人见他是个瞎子,不解地问他:"你一个瞎子,干吗还提个灯笼呢?"
　　瞎子不慌不忙地回答:"因为我打了灯笼,不瞎的人才能看到我啊。"
　　对瞎子来说,在漆黑的道路上行走,自己跌倒的可能性远远小于被行人撞倒的可能性。那些习惯于靠眼睛走路的人对黑暗的熟悉度远不及永远眼前漆黑的瞎子。于是，瞎子亮起了灯笼，这灯光不是照向路面，而是照向自己，以便让每个相遇者都可以看瞎子，及早避让，从而使自己顺利地行走。

犹太民族在走过了两千多年的"夜路"之后，摸索并总结出"瞎子点灯"的商业智慧。作为一个长期寄居于其他民族之中的共同体，作为一个"软弱"而又"强项"的民族，武装起义、示威游行等反抗是极其愚蠢的，最理智的办法就是让所寄居社会的民族统治者明白犹太人对他们及整个社会的价值。

"瞎子点灯"的逻辑让人们彼此了解，从而能够得出双方共荣共生的结局，这是犹太人的高妙之处。

这里还有一个故事，也能体现犹太人这方面的智慧：

很久以前一个住在耶路撒冷的犹太人外出旅行，途中病倒在旅馆里，当他知道自己时日无多时，便将后事托给了旅馆主人，请求他说：

"我快要死了，如果我死后有从耶路撒冷赶来的人，就请把我的这些东西转交给他。但是，不要告诉他我在哪家旅馆。"

说完，这个人就死了。旅馆主人按照犹太人的礼仪埋葬了他，同时向镇上的人发表这个旅人的死讯和遗言，让大家遵守这个犹太人的遗言，不要将他住的旅馆告诉来找他的人。

死者的儿子在耶路撒冷听到父亲的死讯后，立刻赶到父亲死亡的那个城镇。他不知道父亲死在哪一家旅馆里，也没有人愿意告诉他，所以，他只好自己寻找。

幸运的是，有个卖柴人挑着一担木柴经过，儿子便叫住卖柴人，买下木柴后，吩咐卖柴人直接送他到那家耶路撒冷旅人死去的宾馆去。然后，他便尾随着卖柴人，来到了那家旅馆。

旅馆主人对卖柴人说："我没有买你的木柴啊？"

第五章
商战中的不败神话

卖柴人回答说:"不,我身后的那个人买下了这些木柴,他要我送到这里来。"

通过一笔木柴交易,让卖柴人为了自己的利益,帮助他解决了难题。

显然,利益当头比空口说教有力量得多。只有他人的利益同你的利益紧紧地绑在一起的时候,他人才能像为自己谋利或避害一样,为你着想,因为这一着想以及由其产生的努力可以同时为他自己带去实际的利益。

第六章
思考致富

　　商业活动是瞬息万变的,没有什么既定的规律可循。所以在遇到瓶颈之时,犹太人会及时调整应对思路,换个角度去考虑问题,从而找到解决问题的答案。

01 不可直中取，学会曲中求

知道如何从别人的忠告中获益和给别人以忠告一样，往往需要同样的领悟能力。

从世界范围来看，真正明码实价的商品只是其中的一部分。在买东西的时候，一定会伴随着价格和条件方面的交涉。拉比们在进行价格交涉的时候提出这样的建议："在购买预定商品的时候，要有比商品所有者更高明的谈判技巧。"

有一次，拉比为了买大豆，就到各家店铺转了一转。在一家店铺询问价格的时候，那家店主对他说："现在因为缺货所以价格贵。买小麦的话会便宜些。"没办法，拉比只得以高价买了大豆。过后，有人对他说："你真是没有做买卖的经验啊！要是真想买大豆的话，应该先要装出一副想要买别的东西的样子来，这样店主就会说，你如果买大豆的话就会便宜些了。"

犹太人的英雄摩西以超群的交涉能力说服了埃及的法老，成功带领60万处于奴隶境遇的犹太人逃离了埃及。可是读《出埃及记》的开头,我们发现,他的交涉最初并没有获得成功。开始的失败,是因为他很突然地提出了要求埃及法老全部解放60万犹太人的要求。不管是什么样的交涉,唐突地提出自己的要求,对提案者的利益是绝对没有好处的。

《圣经》这样训诫犹太人:"贪婪地想要暴富的人,相反会招致穷困。"接受这种思想的犹太神秘主义思想家这样说道:"在你想要获得别人帮助的时候,先要说一些和你所要拜托的事情无关的话题,千万不要一下子把你的要求提出来。"交涉中不可性急,要做好铺垫,反复迂回。

拉比们一方面教导人们在交涉的时候不要性急,另一方面也告诉人们如果不想买的话就不要打听价格,这是一种礼貌问题。《塔木德》里也记载着"没有买东西的想法就千万不要问这个或那个多少钱"。卖东西的人听你问他

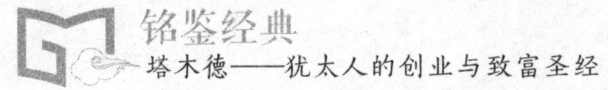

的价格,会很认真地以为客人有买东西的意思。卖方很认真而顾客却很冷淡,这是不公平的。

02 不断创新才能致富

新时代的开创一定来自某个地方、某个时候、某个人发明创造了一种新事物,创新是一种巨大的能量。

犹太人认为,只要敢于不断创新,无论从事什么行业都能致富。

亨利·彼得森出生在一个贫穷的犹太家庭里,幼年时随父母移居纽约。16岁时,小亨利在纽约一家小有名气的珠宝店里当学徒。珠宝店的老板也是犹太人,名叫卡辛,是纽约最好的珠宝工匠之一,有钱的太太、小姐经常光顾这个珠宝店。

卡辛手艺超群,他镶嵌的首饰都能成为抢手货,而且价格也不低,只是他为人有些尖酸刻薄,过于目中无人,对手下的学徒非常严厉。小亨利跟着卡辛学琢石头和磨宝石,一学就是三年。通过这三年的锻炼,亨利的性格、思想得到了升华,他从一个少年变成了沉稳、成熟的青年。

1935年秋，是彼得森创业生涯中的一个重要转折点。一天上午，一个自称是哈特·梅辛格的人来找彼得森。彼得森得知是哈特·梅辛格，心里非常高兴，因为他对这个名字真是太熟悉了。

在彼得森当学徒时，卡辛就经常说起梅辛格，使他对梅辛格也有了一个初步的了解，知道他是最精明的犹太首饰批发商。虽然彼得森没见过梅辛格，但对梅辛格的敬畏和崇拜已经是很久了。

梅辛格此次来找彼得森，是为他在纽约地区的销售网长期订货的，这对彼得森来说可是一个绝好的发展机会，他决心要好好把握。当梅辛格得知彼得森的手艺是跟卡辛学的，就更加信任他了。梅辛格授权彼得森按照自己的想法设计，按照自己的方式加工，不受别的条件的约束。这给了彼得森一个自由发展的空间，为他充分发挥自己的聪明才智提供了机会。

对于梅辛格的订货，彼得森一向认真谨慎，每一件产品都必须亲自反复核对检查才敢出手，如果有哪怕些许的瑕疵，他都会让人拿去返工，直到满意为止。这样，他成为梅辛格的特约供应商。同时他精湛的手艺得到了上流社会的一致好评，越来越多的人知道了彼得森这个名字，找他的人越来越多，他一个人有点忙不过来了。

正在这时候，詹姆因为与合伙人发生纠纷而分手了。彼得森就把他请来一块儿干。由于活儿太多，即使是两个人，也还是应付不过来，于是彼得森与詹姆商议，打算建立一个小型工厂。

经过一段时间的筹备，他们创立了"特色戒指公司"，但生产订婚戒指的历史悠久，要想在经营上取得佳绩，就必须有自己的特色。

象征着爱情的首饰大多以心形构图，这已为广大消费者所认知和接受，彼得森也不例外，但他在构图的表现手法上却有自己的独特创意：

为了表现爱情的美好与纯洁，他用白金铸成两朵花将宝石托住；

为了表现一对恋人心心相连，他把宝石雕成两颗心互抱状；

两个白金花蕊中各有一个天使般的婴孩,一个是女婴,一个是男婴,手中牵着拴在宝石上的银丝线,以此祝福新郎新娘未来的美满幸福小家庭……

彼得森的高明之处在这里得到了充分的体现。

然而,彼得森的高明之处,还不只这些。

他做的戒指表面看是一样的,其实是不同的,文章就在男女婴所牵的银丝线上。

那银丝线上有许多类似多股绳搓在一起的皱纹,实际上是手工镂刻出来的,并且可以根据自己的意愿随意增减"皱纹"的数目,这样就为购买者留出做记号的余地,例如男女双方的生日、订婚日期、结婚年龄或其他私人秘密,都可以通过银丝的"皱纹"多少表示出来。

由于这一绝妙的设计,彼得森的生意越来越红火,而且越做越大,他从加工工业过渡到自产自销。

1948年,一个富人登门拜访他,那人拿出一颗蓝宝石,求他镶一枚与众不同的戒指,准备送给一个女影星做生日礼物。

彼得森知道,要想有什么惊人之举,不能光在图案上下工夫,唯有在那颗宝石上打主意。这只有改变传统镶嵌一条路可走。

经过一个星期的努力尝试，他发明了新的连接方法——内锁法。用这种方法制造出的首饰，宝石的90%暴露在外，只有底部一点面积像果实与花蒂那样与金属相连接。

这项发明很快获得了专利，珠宝商们争相购买，彼得森也因此赚得了大笔的技术转让费。

那个女影星实际上也成了他的义务广告员。由于电影明星的宣传，妇女们知道了这种首饰是彼得森的作品，都不惜重金请他做首饰，且以拥有彼得森亲手制作的首饰为荣耀。

彼得森并没有在成功的喜悦中停滞不前，他的进取心有增无减，继续探索新的方法，终于在1955年，又发明了一种"连钻镶嵌法"。采用这种方法把两块宝石合在一起做成的首饰，可使一克拉的钻石看起来像两克拉那样大，这种首饰的独到之处吸引了不少的消费者。

正是这些别出心裁的设计所起到的新奇效果，使得彼得森的事业取得长足的进步，生产规模不断扩大，人员大量增加。

在艰苦的奋斗中，彼得森也赢得了人们的尊重和敬仰。可以说"特色戒指公司"能在激烈的竞争中扶摇直上，不能不归功于彼得森的发明创造和不断更新。钻石大王就这样一步步走向事业的顶峰。

可见，一个企业要壮大就必须善于创新。你的企业要想保持长盛不衰，就必须随时进行自我更新。

这个时代造就了那么多的紧迫的问题，以至于很少有时间去深入研究其较为深刻的意义。因此，当前最严重的问题就在于需要具有一个充分宽广的视野，这样，才能使未来不至于淹没在目前的问题之中。

03 培养别出心裁的
　　 经商意识

思想上的努力，正如可以长出大树的种子一般，在眼睛里是看不见的。但人类社会生活的明显的变化正发生于其中。

在犹太人商人看来，但凡大成就都是靠超人的胆魄来取得的，例如世界闻名的飞机大王休斯。

1966年6月，美国的无人太空船首次登月，世人为之哗然。登月是人类从古至今的神话，如今得以实现。而这艘太空船就是休斯飞机制造公司制造的。

霍华德·休斯的名字在美国家喻户晓。因为他是美国少有的享有世界声望的富豪，是美国人心目中的英雄。他的一生可谓轰轰烈烈，充满了冒险和刺激。他的资产有25亿美元，到了晚年，却隐居世外，行踪莫测，不再公开露面。

1905年12月24日，霍华德·休斯出生于美国休斯敦，他的父亲是个石油投机商。

第六章
思考致富

休斯16岁时，他的母亲因一次医疗事故而不幸去世。两年后，他的父亲也去世了，留下的资产约合75万美元。

年仅18岁的休斯，在他父亲去世4个月时取得了银行的贷款，用现金买下了亲友们所继承的那部分遗产，成为休斯公司唯一的主人，并继任公司的董事长。

年轻的休斯对电影很有兴趣，可他最初踏入电影界就出师不利，而这使他更为执著。

霍华德·休斯对飞机非常着迷。有一次，当他驾着私人飞机在空中翱翔时突发奇想：拍一部表现空战的片子。他想到1918年第一次世界大战中，英国空军中校达宁率领数架索匹兹骆驼号战斗机，从战舰上起飞，轰炸德军东得伦空军基地。那是一次极为成功的越洋轰炸，英军只损失一架飞机，炸沉了两艘敌舰和两只飞艇。休斯决定将这次空战搬上银幕。当时表现空战的电影特技还未出现，他准备用真正的飞机，拍一部比实战还要刺激还要壮观的空中大战片，片名为《地狱天使》。

为了拍这部电影，仅飞机使用费他就花了210万美元，租用数十架飞机，其中有法国的斯巴达战斗机、英国的SE5战斗机、骆驼号轰炸机、德国的佛克战斗机，还有飞行员一百多名，临时演员2000名；摄影师人数之多几乎占好莱坞摄影师总数的一半。美国电影界为之轰动。

在拍《地狱天使》之后，曾参加了一次全美短程飞行比赛，他以302公里的时速一举夺冠。可他并不满足于这样的成绩，他决心要打破世界纪录。

1927年，美国飞行员林白驾机用33小时30分飞越大西洋，名噪一时，被美国人称为"世纪英雄"。休斯为了打破林白创下的纪录，开始致力于新型飞机的研制，他有两位优秀的飞机设计师：欧提卡克和帕玛。欧提卡克是一位机械工程师，也热衷于飞行。欧提卡克对制造新型飞机有许多大胆的构想，对疯狂地追求速度的休斯来说，他是个不可多得的人才。在那个秘密的飞机制造厂里，经过不懈努力，耗时一年零三个月，终于制造出机身长度为8.2米，机翼长7.6米的Hi型单翼飞机。由于机身特别短，谁也不知道它能在空中飞多久，试飞人员都不敢驾机试飞，休斯决定亲自试飞。

1935年9月12日，一切工作准备停当时，日已西斜。负责速度测试的裁判技师建议明天再飞，因为接近黄昏，飞行逆光刺眼，怕出问题。休斯却等不及了，他早已穿上飞行服，跳进机舱，启动了飞机引擎，冲向蓝天。

第一次测试速度达到556公里。裁判技师通过无线电告诉他：这一次不算，因为违反航空协会的规则，没有做水平飞行。于是，休斯在空中绕了个圈，又作第二次水平飞行。

"世界纪录，时速已达566公里！"裁判的叫声通过耳机传来。兴奋不已的休斯，没有立刻降落，继续飞，还想创造新的世界纪录。

第六章
思考致富

第三次却只有542公里。他不甘心,再飞一次!

"567公里。"又是一个新的世界纪录!

休斯仍不愿停下,继续一次次地飞着……突然间,引擎停止了工作。

他这才发现主油箱的油已经用完了。他连忙去按瞬间补油的按钮,可是无济于事,太迟了,发动机已经完全停下来。

休斯无法再控制飞机,只好以垂直下落的速度向地面冲去。幸运的休斯,终于在一片甜菜地里平安迫降。

就在休斯一次又一次进行冒险飞行的同时,他父亲留下的石油钻井机专利和电影事业仍在为他创造源源不断的财富。没有人知道他什么时候对美国环球航空公司的股份发生兴趣的,到1937年前后,休斯已经拥有这家公司87%的股份。

休斯并没停止他的冒险飞行,为了向环球一周飞行纪录挑战,他选用并改进了洛克希德公司开发的一种可以乘12个人的伊列克特拉14型飞机。

1938年7月10日,休斯与4名机组人员从布鲁克林的贝内特机场起飞。经过3天又19小时17分的长途飞行,休斯的飞机终于飞回美国,回到出发地。此时的机场早已聚集了2.5万名群众,他们来欢迎胜利归来的世纪英雄休斯。第二次世界大战期间,水上飞机开始大显身手。

休斯设计的这种型号为KHI的巨型水上飞机全长97.5米,高15.2米,自重300多吨,两翼安装8个带有螺旋桨的普拉特·惠特尼2800型引擎,是有史以来世界上最大的"巨无霸"飞机。

当时,人们对这架巨大的飞机能否飞上天空持怀疑态度,而休斯却让事实说话。1948年4月,休斯亲自驾驶着这架巨无霸风驰电掣般地在海面上冲刺了一段后,稳稳起飞,美国再次轰动。继环球飞行之后,休斯又一次在美国人心目中树立了英雄形象。

1965年,休斯飞机公司推出85磅重的商业通信卫星,该卫星具有6000条线

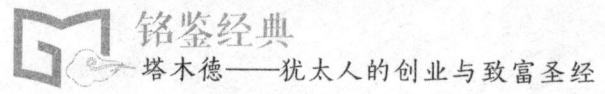

路的往返电话功能,以及12种彩色电视的机能,从而在欧美大陆之间建立了电视电话网络。

如果不存在突发奇想,也就不存在休斯的翱翔天空。的确,犹太商人那股别出心裁的经商意识在休斯身上体现得更彻底。

04 头脑灵活才能赚钱

无穷的智慧是最宝贵的东西,胜过其余的一切。

在犹太商人看来,只有机智才能赢得胜利。机智更是渡过难关、反败为胜、绝处逢生的利器。

有这样一个故事:

售货员费尔南多是一个犹太人,一次礼拜五他去了一个小镇,但由于身无分文而无法食宿,他便找犹太教堂的执事,执事对他说:"礼拜五到这里的穷人特别多,每家都住满了,唯有金银店老板西梅尔家例外,可是他从不接纳客人。"

费尔南多却说:"他肯定会接纳我的。"

第六章
思考致富

之后,他就去了西梅尔家,敲开门后,他神秘兮兮地把西梅尔拉到一旁,从大衣兜里取了一个砖头大小的沉甸甸的小包,小声说:

"请问您一下,砖头大小的黄金值多少钱?"

金银店老板眼睛一亮,可是这时已到了安息日,不能继续谈生意了,为了能做成这笔生意,他便连忙挽留费尔南多在自家住宿,到明天日落后再谈。

于是,在整个安息日,费尔南多受到了热情款待。当周六晚上可以做生意时,西梅尔满面笑容地催促费尔南多把"货"拿出来看看。费尔南多故作惊讶地说:

"我哪有什么金子,只不过是想问一下砖头大小的黄金值多少钱而已。"

费尔南多的机智在于巧妙地利用了西梅尔求财心切的心理,而且以错误的暗示让他上当。

在商业活动中,总有被偷或被骗、别人赖账的时候,那么让我们来看看犹太人如何机智地应对这种情况。

有个犹太商人来到一个市场里做生意,当他得知几天后这里所有商品大甩卖时,就决定留下来等待,可是,他身上带了不少金币,当时又没有银行,放在旅店也不安全。

　　经过反复思忖，他独自来到一个无人的地方，就在地里挖了一个洞，把钱埋藏起来，可是当他次日回到藏钱的地方时，就发现钱已经不见了。他愣在那里，反复回想藏钱的情景，当时附近没有一个人啊，他怎么也想不出钱是怎样丢的。无意中一抬头，他发现远处有间屋子，可能是这家屋子的主人正好看到他埋钱了，然后，将钱挖走。那么，怎样才能把钱要回来呢？经过认真考虑，他去找那屋子的主人，客气地说道："您住在城市，头脑一定很聪明，现在我有一件事想请教您，不知是否可以？"那人热情地回答说："当然可以。"

　　犹太商人接着说道："我是来这里做生意的外地人，身上带了两个钱袋，一个装了800金币，一个装了500金币，我已把小钱袋悄悄埋在没人的地方。但不知道这个大钱袋是交给能够信任的人保管呢，还是继续埋起来比较安全呢？"

　　屋子的主人答道：

　　"因为你是初来乍到，什么人都不该相信，还是将大钱包一块埋在藏小钱包的地方吧。"

　　等犹太商人一走，这个贪心的人马上取出偷来的钱袋，埋在原来的地方。这个可把躲藏在附近的犹太商人高兴坏了，等那人一走，他马上将钱袋挖了出来，一溜烟跑了。

　　这个犹太商人能够将落入别人口袋的东西又拿回来，是因为他知道，每个人都有贪心，且贪欲无限膨胀，要让小偷把钱交出来，只能激起其更大的贪心。他的机智就在于巧妙地利用了人的这种心理。

　　犹太人认为，商业场上不可能一帆风顺，如何摆脱困境，从容应对困境，如何面对危险，机智化解，对于成功商人来说是必备的素质。

第六章
思考致富

05 活用商业
　　游戏规则

有了规则就一定要遵守，规则又是人制定的，创造性地运用规则，是智慧的表现。

犹太人是守规矩的商人，但他们总能在不改变规则形式的前提下，灵活地变通规则为其所用。下面这个故事就蕴涵着这种智慧：

一个犹太人走进一家纽约的银行，来到贷款部，大大咧咧地坐了下来。

"请问我能帮上您什么忙吗？"贷款部经理一边问，一边打量着一身名牌穿戴的来人。

"我想借钱。"

"好啊，您要借多少？"

"1美元。"

"啊？只需要1美元？"

"不错，只借1美元。可以吗？"

"当然可以,只要有担保,再多点也无妨。"

"好吧,这些担保可以吗?"犹太人说着,从豪华的皮包里取出一堆股票、国债等,放在经理的写字台上。说:"总共50万美元,够了吧?"

"当然,当然!不过,您真的只要借1美元吗?"

"是的。"说着,犹太人接过了1美元。

"年息为6%。只要您付出6%的利息,一年后归还,我们就可以把这些股票还给您。"

"谢谢。"

说完,犹太人就准备离开银行。

银行行长一直在旁边静心观看,怎么也弄不明白,拥有50万美元的人,怎么会来银行借1美元。他匆匆忙忙地赶上前去,对犹太人说:"啊,这位先生……"

"有什么事情吗？"

"我实在弄不清楚，您拥有50万美元，为什么只借1美元呢？要是您想借三四十万美元的话，我们也会很乐意的……"

"请不必为我操心。只是我来贵行之前，问过好几家金库，他们保险箱的租金都很昂贵。所以嘛，我就准备把这些股票寄存在贵行，租金实在太便宜了，一年只需花6美分。"

这是一则只有精明人才想得出来的关于精明人的笑话，这样的精明是思路上的精明。

按常理，贵重物品应存放在金库的保险箱里，对许多人来说，这是唯一的选择。但犹太商人没有受限于常情常理，而是另辟蹊径，找到让股票锁进银行保险箱的办法。

其实规则虽然不能变，但是妙用规则、巧用规则确实能够大大地帮助我们。

通常情况下，人们之所以进行抵押，大多是为借款，并总是希望以尽可能少的抵押物争取尽可能多的借款。而银行为了保证贷款的安全或有利，从不允许借款额接近抵押物的实际价值。所以，一般只规定借款的上限而不规定下限。

然而，正是这点激发了犹太人的"逆向思维"：犹太人是为抵押而借款的，借款利息是他不得不付出的"保管费"，既然现在对借款额下限没有明确的规定，犹太商人当然可以只借回1美元，从而将"保管费"降低至6美分的水平。

通过这种方式，银行在1美元借款上几乎无利可图，而原先可由利息或罚没抵押物上获得的抵押物保管费也只区区6美分，纯粹成了为犹太商人义务服务，且责任重大。

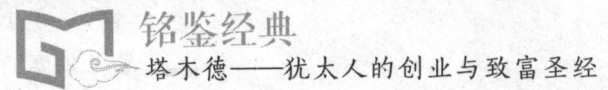

这个故事本身当然只是个笑话,但拥有50万美元资产的犹太商人在寄存保管费上精打细算的做法,绝不是笑话,借"逆向思维"套用规则的这套思路,更不是笑话。

06 换个思路问题
　　也许就会迎刃而解

一边工作一边学习是最好的。无论你有多少学问,如果没有实际工作能力的话,一切努力都会白费。

在很多情况下,当我们为某一问题困扰时,不妨换一下思路,从相反的角度着手,问题可能就迎刃而解了。

大部分的成就都受制于形形色色的人,这些人的决定直接影响着你的成功。这些人就是你成功路途上的门卫,他们在放你通过前,必须对你的计划、产品、思想及求职的要求,乃至你的长相和性格认可。

逆向思维首先要确定或设定一个可以达到的目标,然后从目标倒过来往回想,直至你现在所处的位置,弄清楚一路上要跨越的关口或障碍以及是谁把守着这些关口。要把这一切都记下来。详细写出计划是整个过程中重要的一环。

要想让门卫同意通过，你必须找出促使他们开门放行的原因。最佳办法就是直接去问，征求他们的建议和看法，也可向经常与他们打交道的人咨询。

20世纪60年代中期，当时在福特一个分公司任副总经理的艾科卡一直致力于提高公司业绩。他认定，达到该目的的关键在于推出一款设计大胆、能引起大众广泛兴趣的新型小轿车。在确定了最终决定成败的人就是顾客之后，他便开始绘制战略蓝图。以下是艾科卡如何从顾客着手，反向推回到设定的步骤：

顾客买车的唯一途径是试车。要让潜在的顾客试车，就必须把车放进汽车交易商的展室中。吸引交易商的办法是对新车进行大规模、富有吸引力的商业推广，使交易商本人对新车型高度认可。说得实际点，必须在营销活动开始前做好轿车，送进交易商的展车室。

为达到这一目的，他需要得到公司市场营销和生产部门的全力支持。同时，他也意识到生产汽车模型所需的厂商、人力、设备及原材料都得由公司的高级行政人员来决定。艾科卡将为了达到目标必须征求同意的人员名单完整地确定之后，就将整个过程倒过来，从后向前推进。几个月后，艾科卡的新型车

"野马"轿车下线了,并在20世纪60年代风行一时。

"野马"的成功也使艾科卡在福特公司一跃成为整个轿车和卡车集团的副总裁。

逆向思维的一个基本要素就是分出阶段重点。这样,须将长远目标和近期目标清楚地区分开来,然后再将逆向思维分别应用到每一个目标中去。

举例来说,如果你想在40岁时成为首席行政总监,这是不够的。这个目标太过遥远,逆向思维不能得以有效地发挥。你必须瞄准所要取得的具体成绩,这些成绩才是助你步入高层的高明战术。

目标越集中,逆向思维越奏效,为达到目标所需征得同意的人就越少,整个过程花费的时间就会越短。

第七章
品格的力量

　　犹太人之所以能把他们的智慧传遍世界的每一个角落，并创造出令人瞩目的成就，从某种意义上讲，他们的宽容、忍让等优秀品格，正是支撑他们在激烈竞争压力和强权夹缝中求得生存的艺术。

01 好脾气能带来财富

犹太法典上说："温和与友善总是比愤怒和暴力更有力。"而习惯性的自我克制能带来平静和财富并免除激烈的争执。

《塔木德》上说："纯洁简朴的生活、良好的道德和快乐的天性，要胜过医生或药品所能为我们提供的一切。"

因此一个人应当从小就养成忍耐、平和而安宁的性情，对自己的一切都能乐天知命，使自己的身体始终处于和谐的状态，免受疾病的侵害。

有这样一则笑话：有位在政党里崭露头角的候选人，去一位政界要人那里学习他政治上取得成功的经验，以及如何在竞选中获胜。

这位政界要人向他提出了一个条件："你打断一次我说话，就得付5美元。"

"好的，我答应你。"候选人说。

政要看了看他，问道："那什么时候开始？"。

第七章
品格的力量

"马上可以开始。"

"很好。第一条是,当你听到诋毁或者污蔑自己的话时,一定不要生气,时时刻刻都得注意这一点。"

"噢,我相信我能做到。无论别人怎样说我,我都不会生气。我不会在意别人说的话。"

"很好,这就是我的第一条经验。但是,说句实话,我是不愿意你这样一个不道德的流氓当选……"

"先生,你怎么能……"

"你打断了我说的话,付5美元。"

"哦!啊!这只是一个教训,对吗?"

"哦,是的,这是一个教训。但是,事实上我也是这么认为的……"

"你怎么能这么说……"

"付5美元。"

"哦!啊!这又是一个教训。你的10美元赚得也太轻松了。"他大怒道。

"没错,10美元。你得先把钱付给我,然后我们才能够接着谈。因为,谁都知道,你有不讲信用和赖账的'美名'……"

"你真是太可恶了!"

"再付5美元。"

"啊!又一个教训。噢,我最好试着控制自己的脾气。"

"好,我把前面说过的话收回,当然,我的意思并不是这样。我认为你是一个值得尊敬的人物,因为考虑到你出生在一个低贱的家庭,又有那样一个声名狼藉的父亲……"

"你这个恶棍!"

"请付5美元。"

为了学会自我克制的第一课,这个候选人付出了高昂的学费。

然后,那个政界要人说:"这个问题远不止5美元那么简单。你一定不要忘记,你每一次发火或者你为自己所受的侮辱而生气时,至少会因此而失去一张选票。对你来说,选票可比银行的钞票值钱得多。"

这则故事对商人处世很有借鉴意义。对商人来说,怒气会使他失去财源,陷入困境。

曾有一位不速之客突然闯入洛克菲勒的办公室,直奔他的写字台,并用拳头击打桌面,愤怒地喊道:"洛克菲勒,你是个浑蛋!我非常恨你!"接着那个人站在那儿恣意谩骂达几分钟之久。办公室所有的职员都感到无比气愤,以为洛克菲勒一定会拿起一本书向他砸去,或是吩咐让保安把他轰走。

然而,出乎所有人意料的是,洛克菲勒把手中的活儿停了下来,和善地注视着这位攻击者,那人越暴躁,他就显得越和善!

那人对此感到不可理解,渐渐平息下来。因为一个人发怒时,若得不到回击,是坚持不了多久的。他来之前做好了的各种争斗的准备及反驳之词都没有发挥的余地了。

最后,面对和善却一言不发的洛克菲勒,他又敲了几下桌子,在依然没有什么回应的情况下,他只得索然无味地离去。

02 忍耐也是一种情感

希望是坚韧的拐杖,忍耐是旅行袋,携带它们,人可以登上成功之旅。

关于忍耐,犹太人是这样讲的:

"人的细胞每时每刻都在变化,每天都会更新。因而,你昨天生气的细胞,已为今朝新的细胞所替代。酒足饭饱后所思考的内容,与饥肠辘辘时所考虑的也不一样。我仅仅在等你的细胞的更替。"

犹太人在两千多年的历史中所积累的忍耐之中总结出求胜的犹太人成功

秘诀。"人类要变化。人类发生变化，社会也随之变革。社会变革了，犹太人也一定会复苏。"

这是犹太人的乐观主义情绪，也是从犹太历史中诞生的民族精神。

一般在生意交易中，犹太人会耐着性子，等待对方态度的改变。然而，当其知道不合算时，不用说3年，哪怕半年。犹太人也不会等下去的。

犹太人一旦决定在某项事业上投资（人力、物力），他会制定投资一个月后的、两个月后的和三个月后的三套计划。一个月后，即便发现实际情况与事前预测有相当的出入，他也会毫不犹豫地追加资本。两个月后，实际情况仍不理想，便进一步追加资本。问题是第三个月的实际情况如果仍与计划不符，而又没有确切的事实证明将来会发生好转，那么犹太人会毅然决然地放弃这项事业，也就是放弃这以前的投资和努力。尽管如此，犹太人也泰然自若，生意虽然搞得不尽如人意，但因为不留后患，不为一堆烂摊子而伤脑筋，这样反倒乐得自在。换成日本人情况就不同了。

"好不容易才搞到这步田地，再苦一阵子就……"
"现在放弃的话，三个月的努力不就泡汤了吗？"

日本人抱着留恋和犹豫的心情继续干下去，结果越陷越深。

日本人认为有耐心，不懈地努力是成功的最大原因。而这根本无法与犹太人相提并论。忍受了两千多年迫害的苦难历程的犹太人，比起动不动就剖腹自杀的日本人，是一个更具有忍耐精神的民族，而他们只愿等待三个月。

03 不歧视穷人

施舍是一件很自然的事，拿出财富帮助弱者，这就是施舍的精神。

在一些犹太人居住区里，每一个镇上或村子里，都会有一个或几个乞丐，他们被称为"修诺雷尔"。

犹太人并不歧视这些乞丐，按照犹太人的宗教习惯，乞丐也是一种正当职业，是获得了神的允许的，他们是人们施舍的对象。

在犹太民族中，一些"修诺雷尔"是非常喜欢读书的，其中还有不少人通晓《塔木德》，他们也是犹太教堂中的常客，经常以同仁的身份参加《塔木德》和《犹太教则》的讨论。犹太民族中流传着这样两句话："不要看不起穷人，因为有很多穷人是非常有学问的。""不要轻视穷人，他们的衬衫里面埋

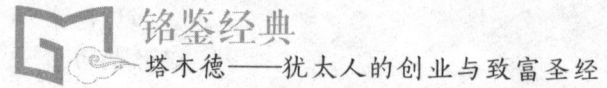

藏着智慧的珍珠。"

犹太人素有尊学、重学的传统,对于贫穷犹太人的智慧,他们也同样表现出尊重。

犹太人有一个这样的民间故事,教导人们不要看不起穷人。

一个虔诚的人继承了一笔财富。在安息日前夜,他就开始为安息日日落前的食物做准备。有一次,由于急着办事,他在安息日前必须暂时离开家一段时间。在回家的路上,一个穷人向他乞讨买安息日所需食物的钱。

这位虔诚的人生气地斥责穷人:"你怎么能一直等到最后一刻才买你的安息日食物呢?没有人会像你这样的。你肯定是想骗我给你钱!"

他回到家后,给妻子讲了遇到穷人的事。

"我得告诉你,是你错了,"他的妻子说,"在你的一生中,从未体味过贫穷的滋味,对什么是贫穷没有概念。我在穷苦人家长大。我经常回忆过去，那时，天几乎全黑了，安息日快来了，而我的父亲仍然为家人四处寻找哪怕一点点的面包。你对那个穷人有罪！"

虔诚的人听到这一席话，赶紧赶路到街上寻找那个乞丐。乞丐仍在乞讨。于是，这位富人给了穷人安息日所需的面包、鱼、肉，并请他宽恕自己。

在犹太社会里，尽管穷人和富人的差距有时是十分巨大的。但是，一直以来，犹太人是尊重穷人的，他们认为富人并不一定快乐，穷人也并不一定必然绝望。但是，一个靠别人施舍为生的穷人也应该有施善行为。

这就是犹太人对于穷人的态度。

不嫌贫爱富，并且把尊重穷人，对穷人进行施舍作为自己的义务，这是犹太人团结友爱的处世智慧之一。

04 互利双赢

生意不是一家做的，彼此容纳，彼此和谐，共同发展，这就是双赢的智慧。

"一笔生意，两头赢利"，买卖双方都有得赚，何乐而不为。在买卖中

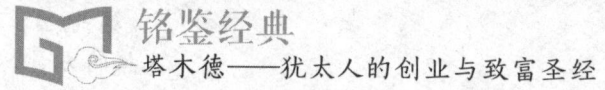

要善于把握双赢的技巧,从而使生意越做越大。

现代社会的企业,虽然也提倡竞争,鼓励竞争。竞争的目的是为了相互促进,相互推动,共同发展,共同提高,否则导致双方互相争斗,两败俱伤。因而犹太商人在商务往来时,为避免恶性竞争带来的危害,往往通过巧妙调整而取得双赢的效果。

莱曼兄弟公司是一家有近150年历史的美国著名的犹太老字号银行,20世纪70年代末期,它一年就可以获取3500万美元的利润,而它的创业也颇富神奇色彩。

莱曼兄弟在亚拉巴马从事杂货生意。

亚拉巴马是美国一个产棉区,农民手里只有棉花,所以,莱曼兄弟积极鼓励农民以棉花代货币来交换日用杂货。

这样做虽然与犹太商人一贯的"现金第一"的经营原则不符合,但莱曼兄弟却把账算得非常清楚,他们认为:以棉花和商品相交换的交易方式,不但能把那些没有多少现金的顾客吸引过来,而且能扩大销售量;同时在以物易物并处于主动地位的情况下,能把棉花的交易价格操纵起来;经营日用杂货本来需要进货运输,现在乘空车进货之际,顺路将棉花带过去,还能节省一笔较大的运输费。这种经营方式可以称做"一笔生意,两头赢利",买卖双方都不会吃亏。

当然,在市场竞争中,谁都想立于不败之地。视每个竞争的公司是"敌手",是因为它们在竞争的过程中带有以下性质:一是保密性,竞争者在一个特定的阶段内,都有一定的保密性;二是侦探性,竞争者都会想尽一切办法去刺探对方的情报,以制定战胜对方的策略;三是获胜性,竞争双方都想取得胜利,都想获取一定利润,让自己的产品占领市场;四是克"敌"性,如果市场容不下所有竞争者时,任何企业都想保存自己而"灭掉"对方,即使市场能把所有竞争者容纳进去,它们也还是都想己强"敌"弱。

市场竞争是激烈的，同行业的公司之间的竞争更为激烈。竞争对手在市场上是相通的，不应有冤家路窄之感，而应友善相处、豁然大度。这好比两位武德很高的拳师比武，一方面要决出高低，另一方面又要互相学习和关心，胜利了不要骄傲，失败了也不要气馁，相互间切磋技艺，共同提高。

在市场竞争中，竞争者为了求得一片生存的空间，竭尽全力与对手竞争是正常的现象。但是，在竞争中切不可用鱼目混珠、造谣中伤、暗箭伤人等不正当手段损害对手利益，一定要运用正当手段，也就是说，只能通过质量、价格、促销等方式进行正大光明的竞争。当然，最高的竞争还是双方达到共赢。

05 赞美他人
　　收获友情

在慰劳和赞美他人的时候，要用最美的语言，最大限度地、真心地对待，这样才能使友情更深。

杰出的犹太人总是能够做到善解人意和宽恕他人，他们具有很高深的修养和自制能力，并乐于赞扬他人。因此，他们能够交到更多的朋友，使自己的事业不断向前发展。

在现实生活中，很多人都喜欢抱怨、指责他人，这样只能让彼此之间的关系更加恶化，很多时候，尖锐的批评和攻击，不但没有效果，反而会起到负面的作用。

这些人似乎养成了一种不好的习惯，动不动就指责批评别人，并以此为快。一旦问题出现了，他们首先想到的就是怎么批评别人。结果要么伤害他人，要么被人挡了回来，弄得自己反遭他人伤害。其实，对别人多一些了解，尽量站在别人的立场上去考虑问题，这比指责批评要好得多，不但不会伤害别人，对自己也没什么坏处。

任何人都希望得到别人的赞赏。给他人以欢乐，是合情合理的一种美德。在你每天的生活当中，别忘了多赞美别人。

犹太人巴密娜·邓安负责监督一名清洁工的工作。因为这位清洁工做得很不好，很多员工经常嘲笑他，还故意把各种垃圾扔到走廊里，这给他的心理造成了很大的压力，他实在没有信心做好工作。

巴密娜试过多种方法让这名清洁工把工作做好，但都没有成功。不过她发现这名清洁工有时也能把一个地方扫得很干净，于是她就抓住时机在众人面前对此大加赞扬。这种做法很有成效，这名清洁工的工作有了改进，不久因工作做得很好，也赢得了别人的一致赞扬。

巴密娜找到了激励人的最好方式，她也试着赞扬和鼓励其他人，也获得了非常好的效果。她真正体会到批评和耻笑往往把事情弄糟，而真诚的赞扬可以收到最佳效果。

在你赞美对方时，要掌握一定的原则和技巧，了解对方心理是赞美的前提条件。赞美是要满足对方的自我认可，不了解对方的心理，便很难知道他需要什么。

那些成功的犹太人告诉我们，当你在赞扬他人的时候，需要注意以下几点：

1. 选择对方最欣赏的或最喜欢的人和事加以赞美。

跟对方谈论他最珍贵的事物是打动人心的最佳方式，当你这么做时，不但会受到欢迎而且还会使感情升温。千万不要赞美无中生有的事，那样会使人们感觉到你是在溜须拍马，而心生厌恶。

2. 赞美对方必须具体而恰如其分。

因为赞美时越具体明确，效果就会越显著。我们赞扬对方时不一定非是对方做了一件了不起的大事不可，对方的一个很小的优点和长处，只要我们能给予恰如其分的赞美，同样能收到好的效果。

3. 赞美对方要找准时机。

要善于把握时机，该赞美时应及时赞美。不要在赞美对方时同时赞美他人，除非是对方喜欢的人，即使你赞美他人也是给对方作铺垫，而且要适时适度。赞美时机一定要选准，不然，即使你再富有诚意，也不可能取得很好的效果，甚至有时还会起到负面作用。

4. 赞美对方最重要的是要热诚。

一张缺乏热情的嘴和一副冷漠的面孔是最让人失望的，因此，赞美对方时最重要的是要热诚。真心诚意是人际交往中最重要的尺度，每个人都非常珍视它。英国专门研究社会关系的卡斯利博士曾说过：大多数人选择朋友都是以对方是否出于真诚而决定的。一两句敷衍的话，立刻会被人发觉你的虚伪。而且，毫无根据的赞美也会让对方觉得你别有用心，进而引起他对你的防范。

5. 赞美一定要显得自然。

赞美必须是发自内心的，是为了使对方感到高兴。因此，在赞美别人时一定要显得自然，千万不要矫揉造作。如果你没有把握好用词分寸，就达不到使对方舒适的效果。因此，直接赞美时最好不要使用那些过分的用语，要既准确又得体，尽量显得优雅大方。

第八章
赚钱不是最终目的

犹太民族是一个很会享受的民族。犹太人的可贵之处就在于他们天生就能以正确的态度看待金钱，以坦诚的态度爱慕金钱，不辞劳苦地公开追求金钱，就是为了自己能更好地享受生活。

01 不要忘记有比
　　赚钱更重要的东西

　　人类也需要梦想者，这种人醉心于一种事业的大公无私的发展，因而不能注意自身的物质利益。

　　商业绝不仅是赚了钱就好，更重要的是社会的和平和安全。《塔木德》中有这样的训诫："为国家的安宁祈祷吧！如果不重视国家安宁的意义，人们之间的互相蚕食就将在所难免。"

　　不管衣食多么富足，如果没有和平就毫无意义。在经济运营方面，即使是双方都以削弱对方为目的，也不要为了争斗而经营。

　　被称为中世纪犹太教最伟大的哲人的莫赛·玛依莫尼狄斯拉比在他的著作中这样说道："当救世主美西亚来到的时候，所有的战争都停止了，上帝的祝福传到了所有人那里，谁都不需要为了金钱而去冒生命的危险了。"

　　犹太人通过经商所追求的，是让人们不需要为了金钱去冒险、甚至失去生命，并过上一种没有经济动荡的和平生活。犹太人之所以能够不断发展到今天，就是由于有了这种流浪民族的智慧的缘故。

02 创造生活
　　也要享受生活

生活得最有意义的人，并不是年岁活得最大的人，而是对生活最有感受的人。

犹太人认为，无论遭遇到什么样的困难，都要让自己享受生活中的快乐。犹太先知们都在鼓励人们从拥有的一切事物中寻找幸福美好的生活。

《传道书》中是这样赞美美好生活的：

"美丽、力量、财富、荣誉、智慧、年老、成熟和孩子气都是正当的，而且就是世界。去吧，高高兴兴地吃面包，快快乐乐地喝酒，你的行为早已得到了上帝的恩准。把你的衣服洗得干干净净，头上永远不要缺了香油。和你钟情的女人共浴爱河吧，一生中飞驰而过的岁月都是在阳光下赋予你的——你所有飞驰而过的岁月。仅仅为此，凭着你在阳光下所获得的权利，你可以尽力发掘生活。

"不管什么，只要在权利许可的范围内，你就用最大的力量去做。因为

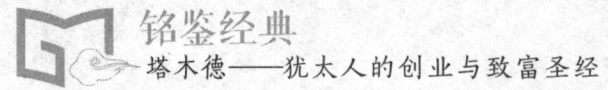

在你即将进入的未来世界里，没有行动，没有思想，没有学问，没有智慧。

"即使一个人已经活了很久，也要让他尽情享受，要记得将来黑暗的日子会多么漫长。那唯一的将来是一片虚空！"

犹太人认为，世间除了快乐之外，还有罪恶跟在后面，因此人们应防止过度贪婪。

比如，当一个人习惯了大吃大喝，一旦吃不上，喝不上了，他就会感到失望，就会卷入最辛苦的事务，为了钱财奔波，只为了保有他已经用惯了的餐桌。这引发了狡诈和贪婪，紧随其后的是伪誓和其他一切随之而来的罪恶……然而，如果他不受到快乐的引诱，就不会坠入这些罪恶的深渊。

正如《塔木德》所言：

肉越多，蛆越多。

财产越多，忧虑越多。

妻子越多，魔法越多。

婢女越多，不贞越多。

男仆越多，抢劫越多

……

一个人在杜绝贪婪、罪恶的前提下，可以力所能及地追求自己的幸福和快乐，这是造物主赐予人类的权利。

03 享受"安息日"

使一个人有限的生命更加有效,也即等于延长了人的生命。

犹太人对吃非常注重,如果吃得好,身体自然就健康。在两千多年的流散生活中,犹太人虽然受尽艰辛,但却并没有因此而从这个世界上消失,这不能不归功于他们注重健康、养身有术。还有,犹太人也非常注重和饮食一样对健康有相同功效的休息时间,为此犹太人有特定的休息日——安息日。犹太人把星期六叫做"安息日"。安息日要求从星期五的晚上开始停止一切劳动,不做任何与工作有关的事,甚至连做饭烧菜都在禁止之列,是纯粹的休息日。所以犹太人在点好火的炉子上放上星期五之前做好的饭菜,以免挨饿。

安息日走亲访友,不可乘坐任何交通工具,一定要步行。但为外国人驾车的人则允许开车。

这一天是真正神圣的日子,也是真正放假的日子。注重传统的犹太家庭每一周都有一个这样快乐的日子。当这一天来临的时候,所有的犹太人脸上放出圣洁的光辉，仿佛受到上帝的恩惠。

安息日到来之前，家中的桌椅早已被妇女们擦得干干净净，器具更是光彩夺目，并且会在准备食物上花费很多时间。由于主妇们的精心准备，使得星期五的晚餐是一周中最为丰盛的晚餐。

为了迎接安息日，犹太人必须使自己的身体保持清洁，所以犹太人都要洗澡，穿上干净的衣服，然后全家人到礼拜堂去做礼拜。做完礼拜回到家后，在桌上放上一瓶美酒，点上蜡烛，这时，男主人便从《圣经》上挑出一些赞美词，赞美妻子的能干、漂亮，接着全家一起祈祷，希望第二天开始的一周是最好的一周。

晚餐后，全家人高唱赞美安息日的歌来结束这一天。安息日是真正的假日，每当这个时候，犹太人不谈工作，谈的话题也只是人生观、生活、艺术。安息日对于犹太人来说就是一个美妙的休息日！

04 施舍是
　　一种义务

吝啬的人会越来越贫穷。

犹太民族是一个善于施舍的民族，他们并不把施舍当做一种"行善积德"，而认为这是在履行一种"公共义务"。

在犹太人的社会里，施舍是一件很自然的事情，他们不会因为自己的收入而不去施舍，甚至到了"收入越少，越应该施舍"的境界。即使很贫穷，他们也会把收入允许范围之内的钱捐赠出去。

《塔木德》上记载了这样一则故事：

在某个地方有一家很大的农户，这位农夫被称为当地最慈善的人。每年拉比都会到他家访问，而每次他都毫不吝啬地捐财献物。

这个农户有一块很大的农田。可是有一年，这个农夫遭到了风暴和瘟疫的袭击，所有的农田和果园都遭破坏，全部牲畜都死光了。债主蜂拥而至，把他所有的财产扣押了起来，最后只剩下一小块土地。他却说："既然神赋予的

东西，神又夺回去了，还有什么说的呢？"

他泰然处之，丝毫没有怨天尤人之意。

那一年，拉比像往年一样，又到农夫的家，见他家道中落，拉比们都对他表示了同情，无意再请他捐献。这位农夫的太太说："我们时常为教师建造学校、维持会堂，为穷人和老人捐款，今年拿不出钱来，实在遗憾。"

05 保持
　　淡泊的心态

人在智慧上应当是明豁的，道德上应该是清白的，身体上应该是清洁的。

追求成功自然无可厚非，但对那些无法满足的渴望和难填的野心却应加倍重视。

一个人越能自律，越不会受到好坏两种极端的影响，这样，当他得到了哲学家们所谓的"虚幻幸福"时，不会得意忘形，也不会变得自负。

如果遭遇了巨大的忧患，诸如世界上许多被哲学家称为"虚幻的恶"的苦难，他既不吃惊，也不害怕，只是忍受。

第八章
赚钱不是最终目的

当人思考事物的真相,对现实的性质有所了解,就会获得智慧,明白世界上再好的东西也不能永远拥有,生不带来,死不带去。人死的时候就会腐朽毁坏。既然人和其他生物一样都难免一死,那些好东西与人何用?所以这是世界上最大的不幸。一相较死亡,毫无疑问,任何不幸都显得不重要了。所以变得不幸比死亡还算好些,死亡是我们无法逃脱的。

人们离世时,往往连一半的愿望都没有实现。

有100块钱的人,想把它变成200块;有200块钱的人,想把它变成400块。

强迫时间的人,被时间赶回来;向时间屈服的人会发现时间一直站在他的身边。

伯蒂切的拉比看见一个人匆匆忙忙地在街上走,目不斜视。

"你为什么这么着急?"他问那人。

"我在追赶生计。"那人回答道。

"你怎么知道你的生计在你前面跑着而你必须在后面追?它也许在你身后呢,你只需要安静地站着。"

当身外之物都消失时,你只剩自己——你所成为的那个人。

从前有一只狮子,又老又病,所以感到很痛苦。它对未来一片茫然,不

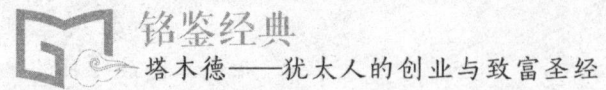

知是死是活。

所有的野兽都来看这只病痛中的狮子。有的出于爱心,有的为了看到它的痛苦,有的为了继承它的统治权,有的想知道它死后谁来统治。

它病得厉害极了,谁也不确定它是否还活着。公牛过来顶它,想知道狮子还有没有力气;母牛用蹄子踩它;狐狸用牙咬它的耳朵;母羊用尾巴扫着它的胡须说:"它什么时候死,它的名字什么时候消失?"公鸡啄它的眼睛,打碎了它的牙齿。

狮子的灵魂回来了,它看到敌人们正兴高采烈,于是叫起来:"唉!我曾经信任的朋友轻视我,我的力量和光荣都反对我,我从前的仆人都对着我作威作福,曾经爱我的人都成了我的敌人。"

一个拥有权威和荣誉的人,在死后受到如此"礼遇",那他生前的追逐名利还有什么意义吗?所以,不必争名逐利,保持淡泊,至少,死后没什么可失去的。人生应该如蜡烛一样,从顶燃到底,一直都是光明的。

06 面对敌人,付出你的爱

人人都担心自己上当受骗,但当有一天,他们反过来担心自己欺骗别人时,社会就达到了完美的程度。

第八章
赚钱不是最终目的

为什么神在开始的时候，不一下子就造出许多人，却只造出一个人来，让全人类自一个人而繁衍呢？

拉比们对这个问题所提出来的答案是："这是神为了告诉我们，谁夺取了一个人的生命，就等于杀害全人类。"相对的，如果谁能救一个人的生命，那么他就等于拯救了全世界人的生命；同样地，爱上一个人时，也就等于爱上整个世界的人。

因为人类都是一个祖先繁衍下来的，所以同源同根。因此犹太人认为人要去爱整个人类。

《塔木德》中的解释是：

"神在开始时，为什么仅仅创造一个人呢？这是为了防止任何人说他自己的血统优于别人的血统。因为如果当初只造出一个人，那么溯源而上，每个人都会发觉大家都是来自同一个祖先，所以，也就不会有这一个民族比那一个民族更优越的说法了，因为实际上，大家都是从同一个亚当繁衍下来的。"其中，亚当的头，是出自乐园的泥土；他的身体，是来自巴比伦的泥土；至于他的双腿，则是网罗了全世界的泥土所造成的。

"亚当"这两个字，在犹太人心中，就是一件事实，那就是人的存在是世界性的，即四海之内皆兄弟。

因为有这样一个大人类的观念，在历史的长河中，尽管犹太人受尽迫害，历尽坎坷，几乎一生都在逃亡之中，但是，一旦犹太人有能力主宰异族命运的时候，他们却并不像当年遭受迫害追杀那样迫害、侮辱其他民族。相反，他们能够以平常的心对待其他人，甚至用爱心去帮助他们。

犹太人有句名言说："谁是最强大的人？化敌为友的人。"

谅解并接受曾经伤害过你的人，这是最好的待人之道，这样就能得到希望中的回报。为此犹太拉比高度赞美那些"受到侮辱却不侮辱别人，听到诽谤却不反击"的人。在犹太人的《圣经》中有一则约瑟夫接纳他哥哥的故事。

约瑟夫是雅各的第十一子，遭兄长嫉妒，在年少时他被卖往埃及为奴，

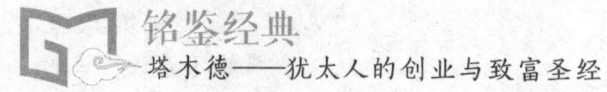

后来做了宰相。

有一年因为饥荒,他的哥哥们到埃及来寻求食物,约瑟夫见到了兄长。

当约瑟夫发现自己的哥哥们时,在众多仆人面前终于控制不住自己,他大声叫起来:"所有的人都走吧!"

众仆人都离开了,这时约瑟夫对哥哥们说:"我是约瑟夫,我的父亲还好吗?"

他的哥哥们无法回答,一个个都目瞪口呆了。

接着,约瑟夫又对哥哥们说:"走近些。"

当他们走近,他说:"我是你们的兄弟约瑟夫,你们曾经把我卖到埃及。"

哥哥们还是不敢相信。但是,当他们明白一切都是真的时,他们看着眼前的弟弟如此威风,如此荣耀,更是吓得说不出话来了。

但是,这时他们听到约瑟夫说:

"现在,你们不要因为把我卖到这里而感到难过,或谴责自己,那是上帝为了救我的命把我早些送来的。老家发生饥荒已经两年了,接下来还有5年时间所有的土地将颗粒无收。上帝把我早些送来,是为了让你们继续存活,以特殊的方式搭救你们的性命。所以是上帝而不是你们把我送到这儿来的,他使我成为法老的父亲,所有财产的主人,整个埃及的统治者。"

在约瑟夫的话中,他把自己少年的苦难看成是上帝救自己命的行为,其实是一种宽以待人、化敌为友的为人处世之道。

对整个人类充满爱心而去真诚爱护每一个人,这就是犹太人杰出的处世智慧。

千百年来,犹太人备受迫害和欺辱,但是他们能够从另一面看待福祸的关系,一切的错是明天的好,一切的好是因为曾经的错。所以,犹太人对待敌人能用爱心去宽恕,对待朋友能用真诚去回报。

这是犹太民族的伟大和高尚之处。